ANTIKE UND GEGENWART

Velut in speculum inspicere

Der Mensch im Spiegel der Fabel

bearbeitet von
Maria Ausserhofer
und Martina Adami

C. C. BUCHNERS VERLAG

ANTIKE UND GEGENWART

Lateinische Texte
zur Erschließung europäischer Kultur

Herausgegeben von Prof. Dr. Friedrich Maier,
Humboldt-Universität zu Berlin

Zu besonderem Dank sind wir Herrn Prof. Dr. Friedrich Maier verpflichtet, der uns die Veröffentlichung ermöglicht und unsere Arbeit durch zahlreiche Hinweise und wertvolle Anregungen begleitet hat. Wir danken auch den Gutachtern für die Durchsicht des Manuskripts und die konstruktiven Ergänzungsvorschläge, Herrn Bernd Weber vom Buchners Verlag für die umsichtige Betreuung der Ausgabe und Herrn Prof. Dr. Wilfried Stroh für seine Hilfe bei der Kennzeichnung der Versmaße. Unserem Kollegen Manfred Unterholzner danken wir für die Illustrationen zu einigen Fabeln.

Unseren Lateinschülern gewidmet, die uns durch ihre begeisterte Mitarbeit bereichert haben.

1. Auflage 3 2 1 1999 98 97
Die letzte Zahl bedeutet das Jahr dieses Druckes.

Alle Drucke dieser Auflage sind, weil untereinander unverändert, nebeneinander benutzbar.

Dieses Werk folgt der reformierten Rechtschreibung und Zeichensetzung. Ausnahmen bilden Texte, bei denen künstlerische, philologische oder lizenzrechtliche Gründe einer Änderung entgegenstehen.

ISBN 3 7661 **5945** 3

Einbandgestaltung: Friedrich Maier

Gesamtherstellung: Fränkischer Tag GmbH u. Co. KG, Bamberg

Inhalt

Velut in speculum inspicere
Terenz, Adelphoe 415

Vorwort

In diesem Buch sind Fabeltexte unter einzelnen thematischen Gesichtspunkten zusammengefasst und unter das Gesamtmotto „Velut in speculum inspicere" gestellt.
Im Mittelpunkt der Fabeln stehen die menschlichen Fehler und Gebrechen, sei es die der kleinen Leute, wenn sie es mit den Mächtigen aufnehmen möchten, sei es die der Mächtigen, wenn sie den Schwächeren gegenüber ihre Überlegenheit ausspielen und diese ausnützen.

Die Textauswahl der Fabeln bringt lateinische Beispiele, beginnend mit Phaedrus, und führt bis zu den Autoren des Humanismus. Deutsche Bearbeitungen und motivähnliche Texte von Martin Luther bis hin zur zeitgenössischen Fabelliteratur können zum Vergleich herangezogen werden.

Der Lateinunterricht bietet die Möglichkeit, die lateinischen Quellentexte kennen zu lernen, deren Motive durch die Jahrhunderte hindurch in Text und Bild weiterleben.

Die einzelnen Beispiele und Beispielgruppen sind für die Gestaltung im Unterricht so aufbereitet, dass ein lateinischer Text den Ausgang bildet und dass lateinische Paralleltexte und deutsche Ergänzungstexte mit gleichem oder ähnlichem Motiv das Weiterwirken und die zeitlos gültige Aktualität dieser Inhalte aufzeigen. Kurzinformationen zu den einzelnen Autoren und einige Darstellungen aus der bildenden Kunst runden das Thema ab.
Die Schüler bekommen Einblick in kulturelle Zusammenhänge und historische Entwicklungen und erfahren, dass jede Epoche das überlieferte antike Kulturgut unter anderen Bedingungen sich zunutze macht.
Durch die epochenübergreifende Thematik der menschlichen Unzulänglichkeiten können gleichzeitig Beziehungen hergestellt werden zur Gegenwart allgemein und zur persönlichen Erfahrungs- und Erlebniswelt der Schüler im Besonderen. Jeder Einzelne kann also für seine eigene Zeit und seine besondere Situation Überliefertes fruchtbar machen und deuten.
Die literarische Kleingattung Fabel, deren Wurzeln in die griechisch-römische Antike zurückverweisen, ist wegen ihrer prägnanten Kürze, treffenden Form, unterhaltsamen Erzählweise und zugleich tiefsinnigen Aussage nach wie vor aktuell und beliebt.

Die Arbeitsaufträge sind als Impulse gedacht und können zu weiterführender eigenständiger Beschäftigung mit den Texten anleiten. Sie berücksichtigen in jeder thematischen Einheit jeweils einen bestimmten Aspekt in didaktischmethodischer, arbeitstechnischer, struktureller, inhaltlicher, formaler oder stilistischer Hinsicht, der auch auf die anderen Texte übertragbar ist. So werden verschiedene Möglichkeiten des Textzugangs aufgezeigt.

Die Arbeitsanregungen gehen von der Auseinandersetzung mit den lateinischen Texten aus und beziehen auch fachübergreifende Vorschläge mit ein, die sich auf eigenständiges Umgestalten der Texte in mündlicher und schriftlicher Form beziehen und zu einer vertiefenden Auseinandersetzung mit motivgleichen deutsch- und anderssprachigen Vergleichstexten verschiedener Epochen bis herauf zur Gegenwart einladen. Unterrichtsbegleitende Gespräche im Zusammenhang mit den Fabelthemen bieten sich an.

Mit der Auswahl und thematischen Zusammenstellung der vorliegenden Lateintexte hoffen wir zum einen, bei allen Lateinschülern die Freude am Fach zu fördern und durch die unmittelbar ansprechenden Inhalte bei der Übersetzung ein Erfolgserlebnis zu erzielen, zum anderen glauben wir, dem Wunsch und Bedürfnis nach einfachen Originaltexten entgegenzukommen.

Maria Ausserhofer und Martina Adami

Hinweise zur sprachlichen Charakteristik einzelner lateinischer Autoren

Phaedrus verwendet mit Vorliebe Hyperbata: z. B. *liquidam posuisse sorbitionem* (F 5, 1); *tumens inani graculus superbia / pennas*... (F 3, 1); ... *leonis affliguntur horrendo impetu*... (F 2, 1).
Besonders zu beachten ist die Stellung der unterordnenden Konjunktionen und Relativpronomina: Sie stehen meistens nicht am Beginn des Neben- bzw. Relativsatzes, sondern sind nachgestellt: ... *inops, potentem dum vult imitari*... (F 1, 1); ... *venari asello comite cum vellet leo*... (F 2, 1); ... *luce ut quiescam et vigilem, nox cum venerit*... (F 14, 1); ... *pennas, pavoni quae deciderant*... (F 3, 1).
Im Perfektstamm schwindet *-vi-: invita(vi)sse* (F 5, 1). Statt *-erunt* steht *-ere:* ... *socii fuere cum leone*... (F 10, 1).
Im AcI wird im Infinitiv Perfekt das *esse* weggelassen: ... *me contemptum (esse) gaudeo*... (F 7, 1); ... *sic locutam (esse) volucrem accepimus*... (F 5, 1).
Zu Beginn der direkten Rede fehlt oft ein *dixit, inquit, respondit.*
Manchmal stehen Diminutivformen: *fabella, asellus, vulpecula.*
Gelegentlich erfolgt eine Umschreibung: ... *tanta bonitas est aquae* ~ *tam bona est aqua* (F 4, 1); ... *tuta est hominum tenuitas* ~ *homo tenuis tutus est* (F 7, 1).
Auch **Avian** verwendet sehr oft Hyperbata: *ubi promissis aquilam fallacibus implet*...; ... *experta est similem perfida lingua fidem*...
Außerdem bestimmt er die Substantive meistens näher mit Adjektiven: ... *pennatis avibus*...; ... *rubris*... *arenis*... Er sucht ausgewählte Ausdrücke und Wendungen: ... *nitido cortice*...; ... *quicumque nova sublatus laude tumescit* (F 12, 1).

In den lateinischen Texten des **Mittelalters** sind folgende Unterschiede zum klassischen Latein hervorzuheben:
Einige Wörter erhalten neue Bedeutung, z. B. *miles* (Ritter), *dux* (Herzog), *civitas* (Stadt), *villa* (Dorf), *fides* (Glaube).
Im Perfektstamm schwinden *-vi-* und *-ve-: clamasti* für *clamavisti* (Cyrillus F 2, 2).
Es erfolgt eine Tempusverschiebung: *quaesitus fuit* statt *quaesitus est* (Odo F 9, 3) Die Bedeutung der Tempora verwischt sich; statt Perfekt kann Imperfekt stehen: *fere ex uno osse strangulabatur* (Odo F 9, 3).
An die Stelle des Partizip Präsens tritt manchmal das Gerund: *garriendo* für *garriens* (Nicolaus Pergamenus F 8, 2). *Hic, is, iste, ille, ipse* werden nicht streng unterschieden.
Der AcI wird durch Sätze mit *ut, quod, quia* verdrängt: *cognoscens, quod ciconia filios suos peremit* (Nicolaus Pergamenus F 8, 2); *relatum est, quod*... Für *ut* steht manchmal *quod: tortuca*... *rogavit aquilam, quod portaret eam in altum* (Odo F 12, 2); ... *in tantum intumuit, quod medius crepuit* (Odo F 1, 2).
Statt *ne* steht gelegentlich *non:* ... *non efferaris, non sis ferox* (Goudanus F 6, 2).
Es fällt die Vorliebe für Komposita auf, durch die besondere Ausdrucksstärke

erreicht wird: *inquisita causa a gallo* statt *quaesita causa* (Joh. von Capua F 13,3). Satzbau und sprachliche Gestaltung sind wesentlich einfacher als im klassischen Latein, Verbindungswörter kommen kaum vor.

Im 15. und 16. Jh., der Zeit des **Humanismus,** wird Latein europaweit die Sprache der Gebildeten. Die Gelehrten und Schriftsteller üben Kritik am mittelalterlichen Latein, nehmen sich das klassische Latein, im Besonderen Cicero, zum Vorbild und bemühen sich um eine gepflegte, formvollendete Sprache. Oft erscheinen Partizipialkonstruktionen, manchmal auch mehrere innerhalb eines Satzes: ... *prioribus pedibus ad parietem admotis cornuaque adducto ad pectus mento reclinabis* ... (Valla F 4, 2).
Wie im mittelalterlichen Latein schwinden im Perfektstamm *-ve-* und *-vi-: mutarit* für *mutaverit* (Goudanus F 6, 2); ebenso erfolgt eine Tempusverschiebung: *confisus fuerim* statt *confisus sim* (Goudanus F 6, 2); *nisus fuit* statt *nisus est.* (Emblem F 12,5).

Die Fabel

1. Einführung in Genus und Autoren

Die Fabel ist eine knappe, dramatisch zugespitzte Erzählung, in der ein Konflikt ausgetragen wird. Es liegt ihr eine klare Struktur zu Grunde, die sich folgendermaßen beschreiben lässt: Die Ausgangssituation zeigt irgendeine Spannung auf. Dies setzt einen Prozess der Veränderung in Gang, der zu einer von Erfolg oder Niederlage gekennzeichneten Endsituation führt. Handlungsträger können Tiere, Menschen, aber auch Pflanzen, leblose Dinge oder sogar Gottheiten sein. Sie weisen nicht individuelle Züge auf, sondern sind Typen mit ausgeprägten Eigenschaften. Tiere eignen sich besonders gut, bestimmte menschliche Verhaltensweisen darzustellen. Die Handlung wird, auf die Ebene des Menschlichen übertragen, zu einem Sinnbild. Die Fabel kann in einem lehrhaften vor- oder nachgestellten Spruch, dem sogenannten Pro- oder Epimythion, die Moral der Geschichte, das „Fabula docet", aussprechen.

Die hier gebrachten Beispiele greifen hauptsächlich auf Phaedrus zurück. Über das Leben dieses Dichters ist uns nur bekannt, was er an einigen Stellen seines Werkes über sich selbst aussagt. Er stammt demnach aus der römischen Provinz Makedonien (Buch 3, prol. 17) und kam als Sklave nach Rom in das Haus des Kaisers Augustus, von dem er später freigelassen wurde: *libertus Augusti.* Ein gewisser Sejanus, Freund und Günstling des Kaisers Tiberius, fühlte sich durch die Fabeln persönlich angegriffen und klagte ihn deshalb an (Buch 3, prol. 41—49). Phaedrus begründet selbst, weshalb er diese Dichtungsgattung wählt: *Nunc, fabularum cur sit inventum genus, / brevi docebo. Servitus obnoxia, / quia quae volebat non audebat dicere, / affectus proprios in fabellas transtulit / calumniamque fictis elusit iocis.* „Nun werde ich euch in Kürze berichten, weshalb man die Gattung Fabel erfand. Der bedrängte Sklave, der nicht zu sagen wagte, was er wollte, übertrug seine Gefühle in Fabeln und entging der Verfolgung durch zweideutige Aussagen." (Buch 3, prol. 33—37). Der Dichter erwartet sich gebildete Leser: *illiteratum plausum nec desidero.* „Ich wünsche nicht den Beifall Ungebildeter." (Buch 4, prol. 20). Seinem Fabelbuch gibt er die zweifache Funktion, Unterhaltung zu bieten und Lebensklugheit zu lehren: *Duplex libelli dos est, quod risum movet / et quod prudentis vitam consilio monet.* „Zweifach ist die Gabe des Büchleins, dass es zum Lachen bewegt und dass es durch Rat zu Lebensklugheit mahnt." (Buch 1, prol. 3—4).

Phaedrus kann zwar auf eine lange griechische Fabeltradition mit Aesop als Leitfigur zurückblicken, in der römischen Dichtung erhebt er jedoch als Erster die Fabel zur literarischen Gattung. Seine Fabeln sind im jambischen Senar, dem Versmaß der römischen Komödie, geschrieben und umfassen fünf Bücher, die aber nicht vollständig überliefert sind. Die Kürze der Fabelbücher II und V gegenüber den anderen lässt darauf schließen, dass eine Reihe von Fabeln verloren ging. Phaedrus starb um die Mitte des ersten Jahrhunderts.

Das obige Titelblatt gehört zu einer Sammlung von Phaedrusfabeln durch den Utrechter Philologen Peter Burmann (1698). Es zeigt den lorbeerbekränzten Dichter Phaedrus, wie er gerade die Fabeln niederschreibt, die ihm die Muse (rechts im Bild) diktiert. Diese weist auf eine Bühne, auf der sich Aesop mit seinen Fabeltieren bewegt. Aesop, der stets mit einem Buckel dargestellt wird, ist für den Römer Phaedrus in vielen seiner Fabeln Vorbild. Diese Bezugnahme, aber auch der Aussagewert der Fabeln, nämlich Unterhaltung und Belehrung zu bieten, soll mit der Bühnendarstellung deutlich gemacht werden.

Zu seinen Lebzeiten war ihm kein Dichterruhm beschieden. Seine Fabeln wurden vergessen und erst im 4. Jh. durch einen gewissen Romulus in einer Prosasammlung umgearbeitet und ergänzt. Dieses Corpus, unter dem Namen Romulus bekannt, bildete zusammen mit den Bearbeitungen griechischer Fabeln durch Avian die Grundlage für die Fabelliteratur im Mittelalter.

Dort wirkte die Fabel vor allem in der Schullektüre und in den Predigten weiter. Die Texte des Zisterzienserabtes Odo von Cherington sind vorwiegend an Mönche gerichtet, die diese Beispiele in ihren Predigten den Gläubigen als Warnung vor der Gefährdung ihres Seelenheils vorbrachten. Die Moral liefert den Schlüssel zum christlichen Verständnis. Es gibt im Mittelalter auch Fabelsammlungen, die neue Stoffe erschließen: Vor allem das *Directorium humanae vitae*, von Johann von Capua aus dem Hebräischen übersetzt, macht mit seiner breiten Ausgestaltung und ungewohnten Handlungsträgern die Eigenart der orientalischen Fabel zugänglich. In verschiedenen Kapiteln werden Lebenslehren, z. B. zum Wesen der Freundschaft oder zum richtigen Umgang miteinander, erteilt. Im *Dialogus creaturarum* des Nicolaus Pergamenus werden von beseelten und übersinnlichen Wesen sittliche Fragen diskutiert. Das *Speculum sapientiae* des Bischofs Cyrillus erörtert Themen in Hinsicht auf die sittliche Ordnung in der Welt.

Um christliche Moraldeutung geht es auch in den Fabeln Martin Luthers, der in seiner „Lehre“ die gläubigen Menschen auffordert, die von Gott gegebene Ordnung zu respektieren, auch wenn die Welt schlecht und die Haltung der Mächtigen verwerflich sei.

Im Gegensatz zur mittelalterlichen Fabelliteratur sind die Humanisten — Schriftsteller und Gelehrte des 15. und 16. Jh.s, die sich die Antike zum Vorbild nehmen und die lateinische Sprache in Wort und Schrift pflegen — vor allem darauf bedacht, den Einzelnen auf seine persönliche Verantwortung für sein Tun aufmerksam zu machen. Aus ihren gelehrten Bestrebungen heraus entstehen zahlreiche Fabelsammlungen für den schulischen Gebrauch.

Einen Höhepunkt erreicht die Fabelliteratur in der Aufklärung, einer geistigen Bewegung des 17. und 18. Jh.s, in der die Vernunft und die persönliche Freiheit als die höchsten Werte betrachtet werden. Der Franzose La Fontaine erzählt hauptsächlich in unterhaltsamer Form über die Unzulänglichkeiten bestimmter Typen. Dabei bezieht er sich vorwiegend auf die Gesellschaft am Hof Ludwigs XIV., des Sonnenkönigs, und zeigt versteckt Missstände wie Schmeichelei, Schwatzhaftigkeit, Intrigen und Selbstüberschätzung auf. Lessing nennt seine Fabeln ein „Exempel der praktischen Sittenlehre“. Das bedeutet, dass sie in anschaulicher Form Lebensregeln vermitteln sollen. Sie sind in Prosa geschrieben. Das Epimythion ist im Vergleich zu früheren Fabelfassungen meistens verändert. Lessing will, dass der Einzelne aus der Botschaft lernen soll, alles mit Vernunft zu beurteilen und sich mit seiner Umwelt kritisch auseinander zu setzen.

Auch in der zeitgenössischen Literatur gibt es zahlreiche Fabeltexte: Der amerikanische Schriftsteller James Thurber z. B. greift literarische Vorlagen auf, gestaltet sie jedoch gänzlich um und schafft vor dem Hintergrund der veränderten gesellschaftlichen Verhältnisse zeitgemäße Fabeln, indem er die frühere allgemein gültige moralische Aussage durch seine neue Deutung ironisch in

Frage stellt. Die Fabeln Helmut Arntzens tragen satirische Züge. Gerhard Branstner überschreibt seine Fabeln mit einem Sinnspruch und prangert darin menschliche Schwächen und politisch-gesellschaftliche Missstände an. Wilfried Liebchen greift in den Fabeln auffallende Unzulänglichkeiten von heute wie Geltungssucht, Fremdenfeindlichkeit oder Gefühlskälte an.
Die antiken Fabelmotive sind also in verschiedenen Epochen immer wieder aufgegriffen und vom jeweiligen zeitgeschichtlichen Gesichtspunkt aus in einem bestimmten Sinn ausgelegt worden. Sie haben im gesamten europäischen Sprachraum und darüber hinaus Verbreitung gefunden, leben in der Gegenwart weiter und bezeugen die fortwirkende Aktualität der Fabel von der Antike an.

Überblick über das Fabelverständnis in den verschiedenen Epochen

Haltung der Autoren	Wirkung der Fabel	Adressat
römische Antike: Dichter und Moralist	Unterhaltung und Belehrung	der gebildete Leser
Mittelalter: Prediger	Belehrung, christliche Unterweisung	der gläubige Mensch
Reformation: Reformator	Belehrung, christliche Unterweisung	der Protestant
Aufklärung: Denker	Kampf um geistige Freiheit, bürgerliche Tugenderziehung	der mündige Bürger
Ende 18./19. Jh.: der Bürger, der die Normen setzt	erzieherische Intention: Belehrung, Ermahnung	breites, jugendliches Leserpublikum, neue Leserschicht: die Frau
20. Jh.: Kritiker, Erzieher, Denker	Kritik an überkommenen, sinnlos gewordenen Lebensgewohnheiten, Selbsterkenntnis	der kritisch hinterfragende Leser

2. Einige rhetorische Figuren

Bestimmte Wortstellung oder Anordnung der Satzglieder:

— Anapher: Wiederholung eines Wortes am Anfang aufeinander folgender Sätze oder Satzteile

Illi negarunt.
Illi dixerunt bovem. (Phaedrus I 24)

— Chiasmus: kreuzweise Anordnung (nach der Gestalt des griechischen Buchstabens Chi = X) von syntaktisch oder bedeutungsmäßig einander entsprechenden Satzgliedern nach dem Schema a b b a zur Verdeutlichung einer Antithese

Cani perpasto macie confectus lupus / forte occurrit.
a b b a (Phaedrus III 7)

— Parallelismus: Wiederholung derselben Wortreihenfolge nach dem Schema a b a b

defectus annis et
|| ||
desertus viribus (Phaedrus I 21)

superior stabat lupus, longeque inferior agnus (Phaedrus I 1)
a b a b

— Hyperbaton: Trennung von syntaktisch zusammengehörenden Wörtern zur Hervorhebung des eingeschlossenen Satzgliedes

... *rugosam inflavit pellem* ... ... *rupto iacuit corpore*

(Phaedrus I 24)

Hervorhebung oder Steigerung eines Ausdrucks:

— Klimax: Steigerung

1 ... *rugosam inflavit pellem* ...
2. ... *intendit cutem maiore nisu* ...
3. ... *dum vult validius inflare sese* ... *(iacuit)*
(Phaedrus I 24)

— Antiklimax: Abschwächung zum jeweils Kleineren und Geringeren hin

vacca — capella — ovis (Phaedrus I 5)
aper — taurus — asinus (Phaedrus I 21)

— Antithese: Gegenüberstellung von Wörtern, Begriffen, Gedanken zur Betonung eines Kontrastes

Virtutis expers verbis iactans
ignotos fallit, notis est derisui. (Phaedrus I 11)

Unus ferebat fiscos cum pecunia,
alter tumentes multo saccos hordeo. (Phaedrus II 7)

superior stabat lupus
‖ ‖
longeque inferior *agnus* (Phaedrus I 1)

— Onomatopöie: Klang- und Lautmalerei

Hic auritulus
clamorem subito totis tollit viribus. (Phaedrus I 11)

... clarumque collo iactans tintinnabulum (Phaedrus II 7)

— Alliteration: Betonung von zwei oder mehreren aufeinander folgenden Wörtern durch gleichen Anfangsbuchstaben

celsa cervice *ferebat fiscos* (Phaedrus II 7)

Wendung in übertragener Bedeutung:

— Metonymie: Ersatz des eigentlichen Wortes durch eines im übertragenen Sinn

auritulus (auris, -is) ~ *asinus* (Phaedrus I 11)

Sic totam praedam sola improbitas abstulit. (Phaedrus I 5)
improbitas ~ *leo improbus*

3. Metrum und Baustruktur der Fabel

3.1 Versmaße

Während in der deutschen Lyrik die regelmäßige Folge von betonten und unbetonten Silben die „gebundene Sprache" ausmacht, beruht der lateinische Vers auf der geregelten Abfolge von langen und kurzen Silben.
Eine Einheit von zwei oder mehr Silben bezeichnet man als Versfuß bzw. Metrum (griech. μέτρον = Maß), einen Versfuß aus einer Kürze und einer Länge als **Jambus** (∪—), einen Versfuß aus zwei Längen als **Spondeus** (— —), einen Versfuß aus einer Länge und zwei Kürzen als **Daktylus** (— ∪ ∪). Mehrere Einheiten bilden einen Vers.
Der **jambische Senar** ist ein aus sechs Jamben gebildeter Vers; außer im letzten Versfuß können alle Längen in Doppelkürzen aufgelöst und alle Kürzen durch Längen oder Doppelkürzen ersetzt werden. Durch diesen eher unregelmäßig wirkenden Rhythmus lehnt sich der Vers stark an die römische Alltagssprache an.
In diesem Versmaß sind auch die römischen Komödien verfasst, in denen ebenso wie in den Fabeln menschliche Fehler und Schwächen „aufs Korn genommen" werden.

Schema für den jambischen Senar:

U ´– | U ´– | U ´– | U ´– | U ´– | U ´–

Das **elegische Distichon** ist ein „Zweizeiler“, der sich aus dem Hexameter und dem Pentameter zusammensetzt:
Der Hexameter, ein Vers mit „sechs Metren“, ist aus Daktylen gebildet. An ihre Stelle können auch Spondeen treten, selten jedoch im fünften Versfuß. Der letzte Daktylus ist katalektisch, d. h., es fehlt die letzte Silbe.
Der Pentameter ist ein aus „fünf Metren“ bestehender Vers. Er setzt sich nämlich aus zweimal zweieinhalb Daktylen zusammen. Auffallend ist die sog. Zäsur in der Mitte: Darunter versteht man einen Verseinschnitt, der beim Sprechen eine Atempause bewirkt.
Dieses Versmaß wurde häufig für das Epigramm und die Elegie verwendet; daher die Bezeichnung elegisch. Das Epigramm (griech. „Aufschrift“), aus Grab- und Weiheinschriften entstanden, eignete sich wegen seiner Kürze für zugespitzt formulierte Inhalte zur Charakterisierung bestimmter Typen und zur Hervorhebung menschlicher Unzulänglichkeiten, die auch in der Fabel zur Sprache gebracht werden. Die griechische Elegie, deren Wurzeln bis ins 7. Jh. v. Chr. zurückreichen, war ursprünglich ein zur Flöte vorgetragenes Lied. Es behandelte vielseitige Themen, die Lebensweisheiten beinhalten.

Schema für das elegische Distichon:

´– $\overline{UU}$ | ´– $\overline{UU}$ | ´– $\overline{UU}$ | ´– $\overline{UU}$ | ´– U U | ´– $\overline{U}$

´– $\overline{UU}$ | ´– $\overline{UU}$ | ´– || ´– U U | ´– U U | ´–

3.2 Baustruktur

lehrhafter Spruch: Promythion / Moral
Ausgangssituation: Spannung zwischen den Handlungsträgern
↓
Konflikt
↓
Endsituation: Veränderung im positiven oder negativen Sinn
Moral der Geschichte: Epimythion *fabula docet*

4. Autoren

Phaedrus (1. Jh. n. Chr.) silberne Latinität	Kam aus Mazedonien und war Sklave des Kaisers Augustus, der ihm später die Freiheit schenkte; verfasste fünf Bücher Fabeln in jambischen Versen, die uns jedoch nicht vollständig erhalten sind. Er starb um die Mitte des 1. Jh.s n. Chr.
Avian (um 400 n. Chr.)	Römischer Dichter, verfasste 42 Fabeln in elegischen Distichen, benutzte als Vorlage eine lateinische Prosabearbeitung griechischer Fabeln.
Romulus (um 400 n. Chr.)	Fabelsammlung in lateinischer Prosa, die im Mittelalter weite Verbreitung fand; der Autor, der sich im Einleitungsschreiben als „Romulus" bezeichnete, bearbeitete darin Fabeln des Äsop und Phaedrus.
Odo von Cherington (1. Hälfte 13. Jh.)	Zisterzienserabt in England; verband in seinen Fabeln antikes mit christlichem Gedankengut. Die Fabeln waren weit verbreitet und wurden ins Spanische und Französische übersetzt.
Johannes von Capua (2. Hälfte 13. Jh.)	Vermutlich Jude, der zum Christentum übertrat; Autor der Fabel- und Parabelsammlung „*Directorium humanae vitae*", die sich eng an altindische Vorbilder anlehnt und — wie der Titel sagt — Anweisungen zur richtigen Lebensführung gibt.
Nicolaus Pergamenus (1. Hälfte 14. Jh.)	Verfasser des „*Dialogus creaturarum*", einer Sammlung von 122 Fabeln, in denen Tiere, Pflanzen und Menschen sittliche Fragen erörtern. Er war vermutlich ein Ordensmann und lebte um die erste Hälfte des 14. Jh.s. Sein Name wird in einer Handschrift erwähnt: „*... fabulae magistri Nicolai, qui dicebatur Pergaminus ...*". Beim Ortsnamen könnte es sich um eine Stadt in Macedonien *(Pergamus)* oder auf Kreta *(Pergamia)* handeln.
Episcopus Cyrillus	Verfasser des „*Speculum Sapientiae*", einer Sammlung von 95 Fabeln und Gleichnissen. Über den Autor ist nichts Genaues bekannt. Er war vermutlich ein gelehrter Theologe, wie die zahlreichen Zitate beweisen.
Poggio Bracciolini (1380—1459)	Bei Arezzo geboren; war lange Zeit im Dienste der päpstlichen Kurie in Rom, später als Kanzler in Florenz tätig; reiste viel und entdeckte in den Klosterbibliotheken Mitteleuropas zahlreiche lateinische Manuskripte; verfasste den „*Liber Facetiarum*", eine Sammlung von 277 geistreichen und witzigen kurzen Erzählungen, die als Tischunterhaltung gedacht waren; darin sind auch einige Fabeln enthalten.
Laurentius Valla (1407—1457)	Geb. in Rom; Sekretär am päpstlichen Hof und Professor der Rhetorik; trat für die Erneuerung des klassischen Lateins ein; verfasste eine Fabelsammlung für den Schulgebrauch.
Niccolò Perotti (1420—1480)	Geb. in Sassoferrato bei Ancona, Bischof von Siponto (Manfredonia); er stellte für seinen Neffen eine Anthologie (Epitome) mit 150 Fabeln zusammen, darunter 32 auch aus anderen Handschriften bekannte Phaedrusfabeln und weitere 32 bis dahin unbekannte Phaedrusfabeln, die heute weitgehend als echt eingeschätzt und daher als „Appendix Perottina" den Phaedrusausgaben angefügt werden.
Laurentius Abstemius (um 1440—1505)	In Macerata geboren; gab zwei Fabelanthologien mit je hundert Fabeln heraus, wobei er bei einigen auf Aesop zurückgriff, viele jedoch selbst schrieb.

Guilielmus Hermannus Goudanus (gest. 1510)	Willem Hermans aus Gouda war Theologe und Dichter. Er übertrug mittelalterliche Versfabeln in neulateinische Prosa, wobei er die Epimythien neu formulierte und mit Zitaten aus antiker Literatur belegte.
Joachim Camerarius (1500—1574)	Geb. in Bamberg, gest. in Leipzig; er war Dichter und Herausgeber antiker Literatur. Er verfasste die Fabelanthologie in Prosa *„Fabellae Aesopicae plures quadringentis"*.
Martin Luther (1483—1546)	Geb. in Eisleben, lebte in Wittenberg und auf der Wartburg in Thüringen; Reformator; verfasste Fabeln in deutscher Sprache, wobei er jeweils eine christliche Moraldeutung anfügte.
Hans Sachs (1494—1576)	Schuhmachermeister und Dichter in Nürnberg; Mitglied der sog. Meistersinger, bürgerlicher Dichter-Handwerker, die sich im 15./16. Jh. zu eigenen Singschulen zusammenschlossen; verfasste Fastnachtsspiele, Schwänke und Fabeln.
Jean de La Fontaine (1621—1695)	Französischer Fabeldichter, gab eine Fabelsammlung in 12 Büchern heraus; setzte sich darin in unterhaltsamer Form mit der zeitgenössischen Gesellschaft am Hof Ludwigs XIV. auseinander; stellte z. B. mit dem Löwen den König, mit dem Fuchs den schlauen Höfling, mit der Katze den Betrüger dar.
Abraham a Sancta Clara (1644—1709)	Volkstümlicher und sprachgewaltiger Prediger und Schriftsteller in Wien; die in vielen seiner Schriften eingestreuten Fabeln benutzte er auch in Predigten zur Verdeutlichung seiner Gedanken.
Friedrich Hagedorn (1708—1754)	Geb. in Hamburg; schrieb Gedichte und Fabeln, in denen Lebensgefühle und Lebensgenuss vorrangig betont werden.
Gotthold Ephraim Lessing (1729—1781)	Geb. in Kamenz/Oberlausitz; war vor allem als Dramatiker bekannt; verfasste drei Fabelbücher, in denen er gesellschaftliche Missstände anprangerte; schrieb auch wichtige theoretische Texte zur Fabel, die den Leser zu kritischer Haltung erziehen sollten.
Gottlieb Konrad Pfeffel (1736—1809)	Dichter und Pädagoge, war maßgeblich im protestantischen Kirchen- und Schulwesen tätig; verfolgte mit seinem Werk „Fabeln und poetische Erzählungen" eine vorwiegend belehrende Absicht.
Johann Gottfried Herder (1744—1803)	Lebte seit 1776 am Hof des Herzogs Karl August in Weimar; war Zeitgenosse Goethes; versuchte mit seinen Schriften den Leser zu kritischer Haltung zu erziehen.
Wilhelm Busch (1832—1908)	Zeichner und Dichter, stellte in seinen Gedichten und Erzählungen mit gutmütigem Spott den kleinbürgerlichen und bäuerlichen Alltag seiner Zeit dar.
Carlo Alberto Salustri (1873—1950)	Geb. in Rom, nannte sich Trilussa, ein Pseudonym, das beim Vertauschen der drei Silben des Schreibnamens entsteht; verfasste im Romanesco, dem römischen Volksdialekt, Gedichte satirischen Charakters; prangerte in seinen Fabeln, die er in der Zeit des Faschismus verfasste, vor allem politisches Mitläufertum an.
James Thurber (1894—1961)	Amerikanischer Schriftsteller und Zeichner, bekannt geworden vor allem durch seine 75 Fabeln, die 1940 und 1956 in zwei Sammelbänden „Fables for Our Time" publiziert wurden; veröffentlichte die ersten Fabeln Ende der dreißiger Jahre in einer Zeitschrift.

Eugen Roth (1895—1976)	Lebte in München; verfasste heiter-besinnliche Verse; gab den Gedichtband „Eugen Roths Tierleben“ heraus, worin er zahlreiche Tiere treffend charakterisiert.
William Saroyan (1908—1981)	Als Kind armenischer Einwanderer in Kalifornien geboren; schrieb Romane und Kurzgeschichten, die von Einzelgängern und sozialen Randgruppen handeln.
Jean Anouilh (1910—1987)	Französischer Dramatiker, der sich in seinen Stücken vorwiegend mit den Bedingungen für das menschliche Zusammenleben auseinander setzte; bezeichnete seine 1962 publizierten Fabeln im Vorwort selbstironisch als „Vergnügen eines Sommers“, also als kurzzeitigen Versuch, seine Anliegen auch über die Fabel zu vermitteln.
Wolfdietrich Schnurre (1920—1989)	Vor allem als Autor von Kurzgeschichten bekannt geworden; veröffentlichte die von ihm selbst illustrierten Fabeln in den Bänden „Protest im Parterre“ (1957) und „Der Spatz in der Hand“ (1971); wollte die Fabel als Ausdrucksmittel des kleinen Mannes verstanden wissen, der sich gegen bestimmte Unzulänglichkeiten in seiner Welt stellt.
Gianni Rodari (1920—1980)	Italienischer Jugendbuchautor, der zur Erneuerung der Jugendliteratur wesentlich beitrug. Zu seinen bekanntesten Werken gehören die „Favole al telefono“.
Gerhard Branstner (geb. 1927)	Geb. in Blankenhain/Thüringen; Philosoph und Schriftsteller; die in den Büchern „Der Esel als Amtmann“ und „Handbuch der Heiterkeit“ veröffentlichten Fabeln zeigen vor allem gesellschaftliche Missstände auf.
Georg Born (geb. 1928)	Geb. in Hamburg; Theologe und Schriftsteller; schrieb Fabeln und satirische Geschichten, die in „Borns Tierleben“ enthalten sind.
Helmut Arntzen (geb. 1931)	Gab 1966 unter dem Titel „Kurzer Prozess“ eine Sammlung von Fabeln und Aphorismen heraus; will den Leser durch die „schockierende“ Deutung des Fabelgeschehens nachdenklich stimmen.
Wilfried Liebchen (geb. 1931)	Geb. in Neuhaldensleben bei Magdeburg; Pädagoge und Schriftsteller; verfasste die Bücher „Die Fabel heute“ und „Die Fabel — das Vergnügen der Erkenntnis“ sowie das Werk „Der witzige Reineke Fuchs — die fabelhafte Erzählung“; die auf unseren Alltag bezogenen Fabeln vermitteln Erkenntnisse und stellen Anmaßungen bloß.
Rafik Schami (geb. 1946)	Geb. in Damaskus, seit 1971 in Deutschland ansässig; bringt in seinen märchen- und fabelhaften Geschichten Gleichnisse für „oft sehr bittere gesellschaftliche Zustände“; Fabeln sind in den Büchern „Das Schaf im Wolfspelz“ und „Der fliegende Baum“ enthalten.

In Kupfer gestochene Emblemata zu fünf Phaedrus-Fabeln von Jan van Vianen, Amsterdam 1701.

Textbeispiele

1 Aufgeblasen

Venezianischer Holzschnitt aus dem 15. Jh.

1. Frosch und Ochse

Inops, potentem dum vult imitari, perit.
In prato quondam rana conspexit bovem
et tact*a* invidia tantae magnitudinis
rugos*am* inflavit pellem: tum natos suos
interrogavit, an bov*e* esset latior.
Illi negarunt. Rursus intendit cutem
maiore nis*u* et simili quaesivit modo,
quis maior esset. Illi dixerunt bovem.
Novissim*e* indignata dum vult validius
inflare sese, rupto iacuit corpore.

(Phaedrus I 24)

---

inops, -opis (*inopia*): mittellos, arm
3 **rugosus, -a, -um**: runzelig — **inflare**: aufblasen — **pellis, -is**: Haut
6 **negarunt** ~ *negaverunt* — **intendere**: spannen — **cutis, -is**: Haut — **nisus, -us** (*niti*): Anstrengung
9 **novissime** (Adv.): zum Schluss — **indignari**: böse werden — **validus, -a, -um** (*valere*): kräftig

ARBEITSANREGUNGEN:

1. Versuchen Sie mit lateinischen Fragen und Antworten den Sinn zu erschließen: *Quis fecit quid? Ubi et quando? Cur rana id fecit? Quem interrogavit quid?* usw.
2. Kennzeichnen Sie im Text die Adverbien, die den Handlungsablauf gliedern. Ordnen Sie ihnen die entsprechenden Prädikate zu.
3. Wie kommt in der Beschreibung des dreimaligen Sich-Aufblasens die Steigerung besonders gut zur Geltung?
4. Beachten Sie die Wortstellung in der ersten Zeile. Was könnte sie bezwecken?
5. Arbeiten Sie den Aufbau der Fabel heraus.

2. Rana ad bovem

Rana vidit bovem in prato incedentem. Cogitavit, si posset esse ita magnus ut bos ille, et vocavit filios dicens: „Ecce, quanta decentia et magnificentia, si possem ad magnitudinem bovis pervenire!“ Et intumuit et inflatus est, quantum potuit. Et ait filiis suis: „Adhuc ita magnus sum ut ille bos?“ Dixerunt filii: „Nondum magnus es ut caput bovis.“ — „Est ita,“ dixit rana, „adhuc inflabor.“ Et in tantum intumuit, quod medius crepuit.

Sic sunt plerique, qui vident episcopos, abbates, archidiaconos quasi boves cum magna pompa incedentes. Cogitant, qualiter possent ita magni fieri, et in tantum conantur, quod in anima vel corpore moriuntur.

Similiter laici vident alios laicos bene indutos, splendide comedere, magnos equos equitare, familiaritatem cum principibus habere; in tantum conantur eis aequiparari, quod moriuntur. Frater, si factus es talis bos magnus, lauda Dominum; si rana efficeris, id est pauper et modicus, esto contentus. Noli quaerere bos fieri!

(Odo von Cherington, f. 62)

---

decentia, -ae (*decere*): Schicklichkeit, Anstand
3 **magnificentia, -ae**: Pracht
intumescere: sich aufblasen
inflare: aufblasen
6 **in tantum**: so weit, so sehr — Ⓚ **quod**: ml. statt kons. ut — **crepare** h.: zerbrechen, sterben
episcopus, -i: Bischof — **abbas, -atis**: Klostervorsteher — **archidiaconus, -i**: Erzdiakon
9 **qualiter** (Adv.): wie, auf welche Art
12 **laicus, -i**: Laie — **induere**: anziehen — **comedere** (*edere*): essen — **equitare** (*equus*): reiten — **aequiparari** (*aequus*): gleichkommen

ARBEITSANREGUNGEN:

1. Welche Gesellschaftsschichten vertreten hier Frosch und Ochse?
2. Wieso richtet der Ordensmann seine Kritik wohl an die Laien?

3. De rana inflata

Fabula est, quod cum rana videret bovem magnum et pinguem iacentem in pascuis, desideravit fieri magna ut ipse. Unde inflavit se dixitque filiis suis: „Sumne ego magna ut bos?“ Illi autem dixerunt: „Non.“ Rana vero magis se plus inflavit, ut fieret magna ut bos. Et fracta est pellis eius et exspiravit. Unde nullus exemplo ranae se erigat plus quam deceat, ne similiter pereat.

(Nicolaus Pergamenus, Dialogus Creaturarum 42)

---

pinguis, -e: fett, dick — **pascuum, -i**: Weide — **inflare**: aufblasen
exspirare: verscheiden, sterben — **se erigere**: sich hochrichten, hoch hinauswollen

ARBEITSANREGUNG:

Vergleichen Sie die hier erteilte Mahnung mit der ersten Zeile des Phaedrustextes.

Holzschnitt aus dem 16. Jh. in der Fabelausgabe von Steinhöwel

4. Der Frosch, der dem Stier an Größe gleichen wollte

Ein Frosch sah einstmals einen Stier,
des Wuchs ihm ungemein gefallen.
Kaum größer als ein Ei, war doch voll Neid das Tier;
er reckt und bläht sich auf mit seinen Kräften allen,
dem feisten Rind an Größe gleich zu sein.
Drauf spricht er: „Schau, mein Brüderlein,
ist's nun genug? Bin ich so groß wie du?" — „O nein!" —
„Jetzt aber?" — „Nein!" — „Doch nun?" —
„Wie du dich auch abmatt'st,
du wirst mir nimmer gleich!" Das arme kleine Vieh
bläht sich und bläht sich, bis es — platzt.

Wie viele gibt's, die nur nach eitler Größe dürsten!
Der Bürgersmann tät's gern dem hohen Adel gleich,
das kleine Fürstentum spielt Königreich,
und jedes Gräflein spielt den Fürsten.

(Jean de La Fontaine)

5. Fink und Frosch

Im Apfelbaume pfeift der Fink
sein Pinkepink!
Ein Laubfrosch klettert mühsam nach
bis auf des Baumes Blätterdach
und bläht sich auf und quakt: „Jaja!
Herr Nachbar, ick bin och noch da!"
Und wie der Vogel frisch und süß
sein Frühlingslied erklingen ließ,
gleich muss der Frosch in rauen Tönen
den Schusterbass dazwischen dröhnen.
„Juchheija, heija!" spricht der Fink.
„Fort flieg ich flink!"
Und schwingt sich in die Lüfte hoch.
„Wat!" ruft der Frosch, „dat kann ick och!"
Macht einen ungeschickten Satz,
fällt auf den harten Gartenplatz,
ist platt, wie man die Kuchen backt,
und hat für ewig ausgequakt.

Wenn einer, der mit Mühe kaum
geklettert ist auf einen Baum,
schon meint, dass er ein Vogel wär',
so irrt sich der.

(Wilhelm Busch)

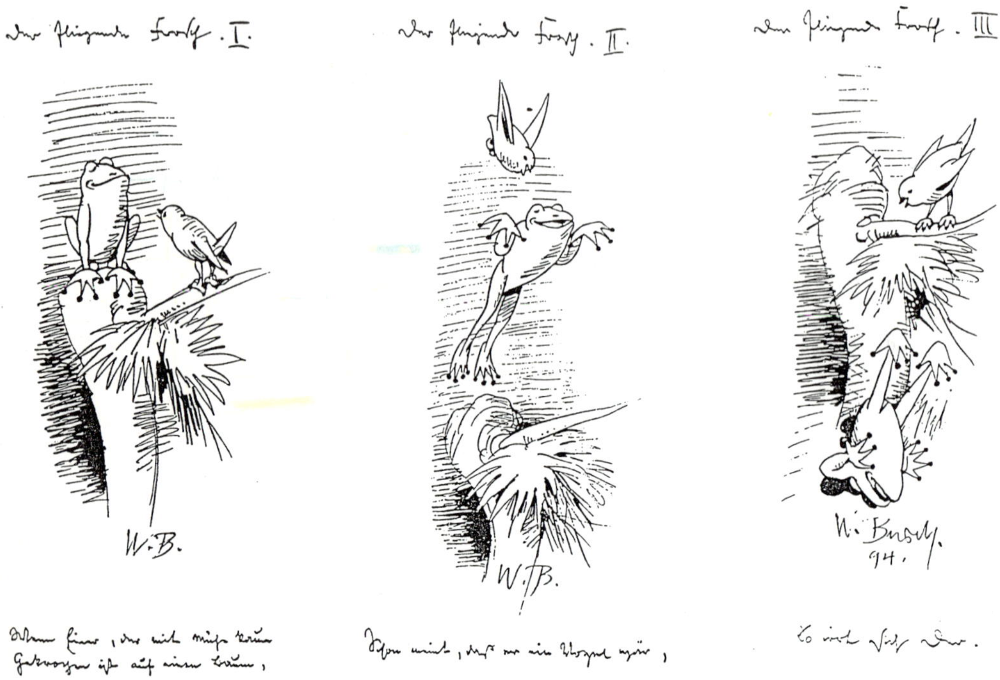

Zeichnung von Wilhelm Busch

Motivähnliches in Fabeln des 20. Jh.s:

6. Zielstrebiger Ehrgeiz

„Also, Tatsache“, keuchte der Barsch und schnellte über den Seespiegel empor, „man kann gar nicht hoch genug hinauswollen.“ „Stimmt“, sagte die Krähe und trug ihn zu ihrem Fraßplatz hinauf.

(Wolfdietrich Schnurre)

Arbeitsanregung:

Vergleichen Sie die Texte 4, 5, 6 miteinander und überlegen Sie, welche Standes- bzw. Gesellschaftsvertreter die Tiere darstellen könnten.

7. La rana e il bue

Una rana voleva diventare
grossa come il bue
e tanto si gonfiò
che alla fine scoppiò.
Piangeva il bue, commosso:
Non ci ho colpa, se sono cosí grosso . . .

(Gianni Rodari, Zoo di storie e versi)

Frosch und Ochse
Ein Frosch wollte so dick wie der Ochse werden
und blähte sich auf, so dass er am Ende platzte.
Es weinte der Ochse gerührt:
Ich bin nicht schuld daran, dass ich so dick bin.

(Übersetzung)

8. Il bue e la rana

Una rana voleva diventare
grossa come il bue.
Si comincia a gonfiare,
a gonfiare . . .
Il bue si spaventa
ha paura che scoppi.
E allora diventa
lui
piccolo piccolo
per farla contenta.

(Gianni Rodari, Zoo di storie e versi)

Illustration von Francesco Altan (1995)

Ochse und Frosch
Ein Frosch wollte dick werden wie der Ochse. Er beginnt sich aufzublasen und aufzublasen . . .
Der Ochse erschrickt und befürchtet, er könnte platzen. Und also wird er selbst ganz klein, um den Frosch zufrieden zu stellen.

(Übersetzung)

Arbeitsanregung:

Welche zusätzliche Deutung zu Phaedrus fügt der Autor hier an? Übertragen Sie das Verhalten der beiden Tiere auf zwischenmenschliche Beziehungen.

9. „Die Welt bewohnt der Frösche Schar, . . .“ schreibt Eugen Roth und fügt hinzu: „Wer so wie ich den Achtzig nah, / schon viele Frösche platzen sah.“

(Eugen Roth, Tierleben)

2 Wer sich nur mit Worten rühmt …

1. Esel und Löwe auf Jagd

Virtutis expers, verbis iactans gloriam,
ignotos fallit, notis est derisui.
Venar*i* asello comite cum vellet leo,
contexit illum frutic*e* et admonuit simul,
ut insueta voce terreret feras,
fugientes ips*e* exciperet. Hic auritulus
clamorem subito totis tollit viribus
novoque turbat bestias miraculo.

Quae dum paventes exitus notos petunt,
leonis affliguntur horrend*o* impetu.
Qui postquam caede fessus est, asin*um* evocat
iubetque vocem premere. Tunc ill*e* insolens:
„Qualis videtur opera tibi vocis meae?“
„Insignis“ inquit „sic ut, nisi nossem tuum
animum genusque, simili fugissem metu.“

(Phaedrus I 11)

Ⓚ expers, -pertis (mit Gen.): ohne — **iactare** h.: rühmend erwähnen — **derisus, -us** (*ridere*): Spott

3 **asellus, -i** (dem. von *asinus*): Esel — **contegere**: verstecken — **frutex, -icis**: Strauch, Busch — **insuetus, -a, -um**: ungewohnt

6 **excipere** ~ *capere* — **auritulus, -i** (*auris* / dem. von *auritus*): Langohr, Esel — **miraculum, -i** h.: (Wunder-)Ton

9 **pavere**: zittern — **affligere**: niederschlagen — **horrendus, -a, -um** (*horrere*): schaudervoll, schrecklich

12 **insolens, -entis**: anmaßend — **nossem** ~ *novissem*

ARBEITSANREGUNGEN:

1. Untersuchen Sie die Fabel nach gliedernden Wörtern, die auf syntaktischer Ebene den Textzusammenhang herstellen.
2. Halten Sie fest, in welcher Funktion Konjunktionen und Adverbien im Textzusammenhang zum vorhergehenden und zum weiteren Handlungsablauf stehen (als Antithese, zeitliche Folge, Begründung, Einwand, Folgerung . . .).
3. Fertigen Sie zum Fabelthema ein Plakat mit einer Text- und Bildcollage an.

2. De leone et asino

Leonem socius asinus antecedens cum de longe luporum turmam adspiceret, mox palatinam vocem stans coepit emittere, ut granditate ventosa sic pusillanimem grex inimicus timeret. At vero cum hostes a clamore hunc asinum esse cognoscerent, fixi fortiter coeperunt ridere scientes quidem tanto sonitui pectoris minime cordis respondere virtutem.

Tunc leo percepta voce statim cucurrit ad socium atque dixit: „Amice, quid tibi est, quod clamasti?“ Cui ille: „Mi frater, grex luporum apparuit, quem grandi voce perterrui, nec se movit, sed mox ad odorem tuum non sine mea admiratione disparuit.“

Ad haec leo prudentialiter subridens inquit: „Si nosti, nequam lupus est et callidus, clamorem deridet tantumque timet virtutem, latratum canis irrisione subsannat, dummodo morsum effugiat. Nimirum expertus miles tubam bellicam non pavescit, sed gladium, et eruditus philosophus nubes tonitruum non veretur, sed fulgur.“

(Cyrillus episcopus, cap. 16)

---

turma, -ae: Schar — **palatinus, -a, -um**: kaiserlich — **granditas, -atis** (*grandis*): Erhabenheit — **ventosus, -a, -um** (*ventus*): eitel, prahlerisch

3 **pusillanimis, -e**: unentschlossen

figere (*figo, fixi, fixum*) h.: aufrichten — **sonitus, -us** (*sonare*): Schall

6 ® **quod**: ml. dass — **clamasti** ~ *clamavisti* — **odor, -oris**: Geruch

9 **disparere** (*apparere*): verschwinden — **prudentialiter** (Adv.): absichtlich — **subridere**: lächeln — **nosti** ~ novisti — **nequam** (indecl.): schlecht

12 **deridere**: verspotten — **latratus, -us**: Gebell

irrisio, -onis (*ridere*): Hohn — **subsannare**: verspotten — **nimirum** (Adv.): freilich — **tuba, -ae**: Trompete — **bellicus, -a, -um** (*bellum*): Kriegs- — **pavescere** (*pavor*): erschrecken, sich ängstigen vor

15 **tonitrus, -us**: Gewitter, Donnerrollen — **fulgur, -uris**: Blitz

ARBEITSANREGUNGEN:

1. Wie schätzt der Löwe das Geschrei des Esels ein? Was stellt er diesem gegenüber, und mit welchen Metaphern unterstreicht er es?
2. Untersuchen Sie den Text nach Antithesen.
3. Wählen Sie einen Satz als Überschrift des Textes.

3. Der Löwe mit dem Esel

Als des Äsopus Löwe mit dem Esel, der ihm durch seine fürchterliche Stimme die Tiere sollte jagen helfen, nach dem Walde ging, rief ihm eine naseweise Krähe von dem Baume zu: „Ein schöner Gesellschafter! Schämst du dich nicht, mit einem Esel zu gehen?" — „Wen ich brauchen kann", versetzte der Löwe, „dem kann ich ja wohl meine Seite gönnen?"
So denken die Großen alle, wenn sie einen Niedrigen ihrer Gemeinschaft würdigen.

(Gotthold Ephraim Lessing)

Holzschnitte aus dem 16. Jh. in der Fabelausgabe von Steinhöwel

4. Der Esel mit dem Löwen

Als der Esel mit dem Löwen des Äsopus, der ihn statt seines Jägerhorns brauchte, nach dem Walde ging, begegnete ihm ein anderer Esel von seiner Bekanntschaft und rief ihm zu: „Guten Tag, mein Bruder!" — „Unverschämter!" war die Antwort. — „Und warum das?" fuhr jener Esel fort. „Bist du deswegen, weil du mit einem Löwen gehst, besser als ich, mehr als ein Esel?"

(Gotthold Ephraim Lessing)

ARBEITSANREGUNG:

Welche jederzeit gültige Aussage will Lessing mit den beiden Fabeln erteilen?

MOTIVVERGLEICH MIT EINER FABEL DES 20. JH.S:

5. Der Esel als Amtmann

Der Esel genoss kein sonderliches Ansehen unter den Tieren. Als aber ein gemeinnütziges Amt zu vergeben war und keiner es auf sich nehmen wollte, waren alle froh, als der Esel sich dazu überreden ließ. Zum nächsthöheren Amt und den folgenden gelangte er auf die gleiche Weise und immer waren die anderen Tiere froh, davongekommen zu sein. Bis sie eines Tages feststellten, dass sie einen Esel oben hatten.
Wie ist der bloß da hinauf gekommen?! riefen da alle verwundert.
Der Esel wusste das natürlich auch nicht so genau. Da aber das Amt den Esel und der Esel das Amt verdorben hatte, passten beide ganz gut zueinander, sodass es eine Weile brauchte, bis sie den Esel wieder herunterbrachten.

(Gerhard Branstner, Fabel 41)

ARBEITSANREGUNG:

Was hat der Autor in der Charakteristik des Esels mit Phaedrus gemeinsam? Welche zusätzliche Warnung wird hier dem Leser noch erteilt?

Der Esel als Amtmann. Zeichnung von Hans Ticha im Fabelbuch von G. Branstner

3 Mit fremden Federn geschmückt

Venezianischer Holzschnitt aus dem 15. Jh.

1. Dohle und Pfau

Ne gloriari libeat alienis bonis
suoque potius habitu vitam degere,
Aesopus nobis hoc exemplum prodidit.
Tumens inani graculus superbia,
pennas, pavoni quae deciderant, sustulit
seque exornavit. Deinde contemnens suos
se immiscuit pavonum formoso gregi.
Illi impudenti pennas eripiunt avi
fugantque rostris. Male mulcatus graculus
redire maerens coepit ad proprium genus;
a quo repulsus tristem sustinuit notam.

---

habitus, -us: Gewand — **suo habitu vitam degere**: im eigenen Rock sein Leben verbringen (sprichw.)

3 **tumere**: sich aufblähen — **graculus, -i**: Dohle — **inanis, -e**: eitel — **penna, -ae**: Feder — **pavo, -onis**: Pfau — **decidere** (*cadere*): herabfallen — **tollere** (*tollo, sustuli, sublatum*): aufheben

6 **se immiscere** (mit Dat.): sich mischen unter — **formosus, -a, -um**: schön — **impudens, -ntis** (*pudet*): unverschämt

9 **rostrum, -i**: Schnabel — **mulcare**: (übel) zurichten — **tristis, -e** h.: schmählich — **nota, -ae** h.: Beschimpfung

Tum quid*am* ex illis, quos prius despexerat:
„Contentus nostris si fuisses sedibus
et, quod natura dederat, voluisses pati,
nec ill*am* expertus esses contumeliam
nec hanc repulsam tua sentiret calamitas.“

(Phaedrus I 3)

---

15 **repulsa, -ae** (*repellere*): Verstoßung

ARBEITSANREGUNGEN:

1. Halten Sie den wesentlichen Ablauf der Handlung fest, indem Sie den dreistufigen Aufbau Ausgangssituation, Veränderung, Endsituation als methodisches Grundmuster der Fabel beachten: Was kennzeichnet die Ausgangssituation? Was führt zum Konflikt? Worin besteht er? Was bewirkt er?
2. Nennen Sie einige Stilmittel. Wieso setzt sie der Dichter wohl ein?
3. Bestimmen Sie bei den Partizipien die jeweils möglichen Sinnrichtungen.
4. Woran möchte die Fabel Kritik üben?
5. Niklas Holzberg verweist in seinem Werk „Die antike Fabel“ (S. 33) auf Lehrbücher aus dem 1.—5. Jh. n. Chr., in denen aufgezeichnet ist, wie Fabeln in den römischen Rhetorikschulen als *exercitia* eingesetzt wurden. Schreiben Sie — nach dem Vorbild antiker Schüler — diese Fabel in Prosa um.

2. Die Pfauen und die Krähe

Eine stolze Krähe schmückte sich mit den ausgefallenen Federn der farbigen Pfaue und mischte sich kühn, als sie genug geschmückt zu sein glaubte, unter diese glänzenden Vögel der Juno. Sie ward erkannt; und schnell fielen die Pfauen mit scharfen Schnäbeln auf sie, ihr den betrügerischen Putz auszureißen. „Lasset nach!“ schrie sie endlich; „ihr habt nun alle das Eurige wieder.“ Doch die Pfauen, welche einige von den eigenen glänzenden Schwingfedern der Krähe bemerkt hatten, versetzten: „Schweig, armselige Närrin; auch diese können nicht dein sein!“ und hackten weiter.

(Gotthold Ephraim Lessing)

ARBEITSANREGUNG:

Welche menschliche Schwäche prangert Lessing zusätzlich an?

MOTIVVERGLEICH:

3. [Der Esel mit der Löwenhaut]

Der Esel mit der Löwenhaut kam zu den Schlangen. — Stark bin ich. Wie werde ich klug? fragte er. — Häute dich, rieten die Schlangen. — Aber dann bin ich ja wieder der alte Esel. — Alle Klugheit, sagten die Schlangen, beginnt mit Selbsterkenntnis.

(Helmut Arntzen)

4 Hereingelegt

Holzschnitt von
J. J. Grandville
(1803–1847)

1. Fuchs und Ziegenbock

Hom*o* in periclum simul ac venit callidus,
reperir*e* effugium quaerit alterius malo.
Cum decidisset vulpes in pute*um* inscia
et altiore clauderetur margine,
devenit hircus sitiens in eundem locum;
simul rogavit, esset an dulcis liquor
et copiosus. Illa fraudem moliens:
„Descend*e*, amice; tanta bonitas est aquae,
voluptas ut satiari non possit mea."

---

periclum (Synkope) ~ *periculum* — **simul ac**: sobald — **effugium, -i** (*fugere*): Flucht, Fluchtweg

3 **decidere** (*cadere*): hinabfallen — **puteus, -i**: Brunnen — **inscius, -a, -um** (*scire*): unkundig — **margo, -inis**: Rand — **devenire**: hingelangen — **hircus, -i**: Ziegenbock — **sitire** (*sitis*): durstig sein

6 **liquor, -oris**: Flüssigkeit, Wasser — **copiosus, -a, -um** (*copia*): reichlich — **moliri**: planen, beabsichtigen

9 **satiare** (*satis*): sättigen, stillen

Immisit se barbatus. Tum vulpecula
evasit puteo nixa celsis cornibus,
hircumque clauso liquit haerentem vado.

(Phaedrus IV 9)

---

se inmittere: sich hineinstürzen — **barbatus, -i** (*barba*): Bock — **vulpecula, -ae** (*vulpes*): kleiner Fuchs — **celsus, -a, -um**: hochragend

12 **linquere** ~ *re-linquere* — **vadum, -i** h.: Brunnen — ® Ordnen Sie: *hircum haerentem clauso vado liquit.*

ARBEITSANREGUNGEN:

1. Vollziehen Sie den Gedankengang in knapper Form nach. Beachten Sie dabei den Wechsel der Subjekte.
2. Bestimmen Sie das inhaltliche Verhältnis zwischen den Partizipien und den jeweiligen Prädikaten.

2. De vulpe et capro fabula

Vulpes et caper sitibundi in puteum descenderunt, in quo cum perbibissent, circumspicienti reditum capro vulpes ait: „Bono animo esto, caper. Excogitavi namque, quo pacto uterque reduces simus. Si quidem tu eriges te rectum, prioribus pedibus ad parietem admotis cornuaque adducto ad pectus mento reclinabis, et ego per terga cornuaque tua transiliens et extra puteum evadens te istinc postea educam." Cuius consilio fidem habenti capro atque, ut illa iubebat, obtemperanti, ipsa e puteo prosiluit. Ac deinde prae gaudio in margine putei gestiebat, exultabatque nihil de hirco curam habens. Ceterum cum ab hirco ut fidifraga incusaretur, respondit: „Enimvero, hirce, si tantum esset tibi sensus in mente, quantum est setarum in mento, non prius in puteum descendisses, quam de reditu exploratum habuisses." Haec fabula innuit virum prudentem debere finem explorare, antequam ad peragenda veniat.

(Laurentius Valla, f. I)

---

sitibundus, -a, -um (*sitis*): durstig — **puteus, -i**: Brunnen — ® *in quo cum . . .* (relative Verschränkung); ordnen Sie: . . . ; *cum in eo perbibissent, vulpes capro reditum circumspicienti ait: . . .* — **circumspicere**: sich umsehen nach, suchen

3 **excogitare**: ausdenken — **pactum, -i**: Art, Weise — **redux, -cis**: zurückkehrend — **admovere** h.: abstützen — **mentum, -i**: Kinn — **reclinare**: anlehnen

6 **transilire** (*salire*): hinüberspringen — **instinc** (*Adv.): von dort* — **prosilire**: hervorspringen — **prae gaudio**: vor Freude — **margo, -inis**: Rand — **gestire**: frohlocken

9 **exultare**: jauchzen — **hircus, -i**: Ziegenbock — **fidifragus, -a, -um** ~ *foedifragus* (*foedus/frangere*): vertragsbrüchig — **enimvero** (Adv.): allerdings — **seta, -ae** ~ *saeta*: starkes Haar, Borste

12 **exploratum habere**: sicher wissen — **innuere**: zu verstehen geben

Arbeitsanregungen:

1. Untersuchen Sie den Text in Hinsicht auf stilistische Mittel.
2. Welches Anliegen kommt in dieser Fabel zur Geltung? An welche Leserschicht ist der Text wohl gerichtet?

Motivähnliches in einer modernen Fabel:

3. Das Mitgefühl der Auguren

Hyäne und Schakal hatten Durst, und jeder wollte gern wissen, ob der Brunnen vergiftet wäre. Nachdem sie eine Weile vergeblich versucht hatten, einander den Vortritt zu lassen, verlegten sie sich darauf, einem Geier das Wasser zu preisen. „Aber ich habe doch gar keinen Durst!" sagte der. „Umso besser!" rief die Hyäne; „Wer schlürft denn eine solche Kostbarkeit auch einfach so mir nichts dir nichts herunter!" „Tja", sagte der Schakal, „Verstand muss man bei dieser Delikatesse schon haben." Da trank der Geier geschmeichelt das giftige Wasser, fiel hintenüber und starb. „Typisch", sagte die Hyäne, „erst nicht wollen und dann übertreiben." Der Schakal schüttelte missbilligend den Kopf. „Und wie kann man bei dieser Hitze auch ohne Hut gehen!"

(Wolfdietrich Schnurre)

Arbeitsanregungen:

1. Vergleichen Sie diese Fabel mit den lateinischen Texten und arbeiten Sie gemeinsame Grundzüge heraus. Welche Kritik an der heutigen Gesellschaft lässt sich daraus entnehmen?
2. Auguren waren in Rom Priester, die für die Deutung göttlicher Zeichen zuständig waren. Wieso gibt der Autor der Fabel wohl diesen Titel?

Holzschnitt aus dem 16. Jh. in der Fabelausgabe von Steinhöwel

5 Was du nicht willst, das dir man tu ...

Gerhard Oberländer:
Der Fuchs und der Storch (1964)

1. Fuchs und Storch

Nulli nocendum: si quis vero laeserit,
multandum simili iure fabell*a* admonet.
Vulpis ad cenam dicitur ciconiam
prior invitass*e* et ill*i* in patina liquidam
posuisse sorbitionem, quam nullo modo
gustar*e* esuriens potuerit ciconia.
Quae vulpem cum revocasset, intrito cibo
plenam lagonam posuit: huic rostr*um* inserens
satiatur ips*a* et torquet convivam fame.

---

fabella, -ae (dem. von *fabula*)
3 **vulpis** ~ *vulpes* — **ciconia, -ae**: Storch — **invitasse** ~ *invitavisse* — **patina, -ae**: Teller — **sorbitio, -onis**: Brühe, Suppe
6 **gustare**: genießen — **esurire**: hungrig sein — **revocare** h.: wieder einladen — **revocasset** ~ *revocavisset* — **interere** (*intero, intrivi, intritum*): reiben — Ⓚ *intrito cibo* (Abl. instrumenti, abhängig von *plenus*)
lagona, -ae: Flasche — **rostrum, -i**: Schnabel — **inserere**: hineinstecken
9 **satiari** (*satis*): sich sättigen — **torquere**: quälen

Quae cum lagonae collum frustra lamberet,
peregrinam sic locutam volucr*em* accepimus:
12 „Sua quisqu*e* exempla debet aequ*o* animo pati."

(Phaedrus I 26)

---

lambere: belecken — **peregrina volucris** (*volare*): Zugvogel

Fabeldarstellungen im Arkadenhof der Churburg bei Schluderns/Südtirol

ARBEITSANREGUNGEN:

1. Untersuchen Sie den Fabeltext inhaltlich wie formal nach Antithesen und beachten Sie, wie Stilmittel den Inhalt unterstützen.
2. Zeichnen Sie den Aufbau der Fabel nach. Beachten Sie dabei den Wechsel der Subjekte.
3. Was will diese Fabel zum Ausdruck bringen?
4. Gestalten Sie die Erzählstufen zeichnerisch und fertigen Sie Sprech- und Gedankenblasen an, in die Sie auf Latein die Dialoge, Gedanken und Gefühle eintragen.

2. Vulpes et ciconia

Vulpes ciconiam cum invitasset, apponit illi iusculum in catillo; hanc ipsa ligurriens hortatur per iocum ciconiam, ipsa quoque ut vescatur et boni consulat, quod appositum sit, praesentique copia fruatur. Quid faceret ciconia, quae se fraudari cibo deriderique cerneret? Nihil igitur, inquit, requiro, et curata omnia sunt laute et abunde. Sed ut gratia tibi referatur, venies ad me quoque coenatum perendie. Quid opus est? inquit ludificans vulpecula. Nolo te mea causa sumptus facere. Cur, inquit illa, tam gravate? Promitte vero. Fiat, inquit vulpes, et si alio vocata est opera.

Abit ciconia, et vasculum sibi parat vitreum, oblongum, et collo angustiore, in quod opiparas et delicatissimas escas indit, et vulpi, quae ad coenae tempus affuerat, proponit. Tum ipsa glutire bellissimos cibos, iubere vulpem edere et paratis libenter uti. Vulpes se benignitate acceptam videns ea, qua nudius tertius ciconiam ipsa accepisset: Nihil, inquit discedens, queror. Nam qui alios fallere volunt, ipsos quoque falli interdum oportet.

Ostendit fabula circumventiones et imposturas plerumque reverti ad auctores illarum.

(Joachim Camerarius)

---

invitasset ~ *invitavisset* – **iusculum, -i** (dem. von *ius, iuris*): Suppe, Brühe — **catillus, -i** (dem. von *catinus*): Schüsselchen — **ligurrire**: belecken — **ciconia, -ae**: Storch — **vesci**: essen

3 **boni consulere**: sich zufrieden geben mit, gutheißen

praesens, -ntis h: vorhanden — **fraudare** (*fraus*): betrügen — **deridere**: verspotten – **lautus, -a, -um**: vornehm, ansehnlich – **abunde** (Adv.): mehr als genug

6 Ⓚ **coenatum** (*cenare*): Supinum, finale Bedeutung — **peren-die** (Adv.): übermorgen — **ludificare** (*ludus*): necken — **gravate** (Adv.): ungern

9 **alio** (Adv.): anderswohin — **vasculum, i**: kleines Gefäß — **vitreus, -a, -um**: aus Glas — **oblongus, -a, -um**: länglich — **opiparus, -a, -um** (*ops*): reichlich

delicatus, -a, -um: köstlich — **esca, -ae**: Speise — **indere** (*dare*): hineintun

12 **coena** ~ *cena* – **glutire**: kosten, heraussaugen — **nudius tertius**: vorgestern

15 **circumventio, -onis** (*circumvenire*) h.: Umgarnung — **impostura, -ae**: Betrügerei

ARBEITSANREGUNG:

Welche Absicht dürfte Camerarius verfolgen, wenn er im Unterschied zu Phaedrus den Fuchs die Schlussworte sprechen lässt?

3. Der Fuchs und der Storch

Gevatter Fuchs hat einst in Kosten sich gestürzt
und den Gevatter Storch zum Mittagbrot gebeten.
Nicht allzu üppig war das Mahl und reich gewürzt:
denn statt der Austern und Lampreten
gab's klare Brühe nur — viel ging bei ihm nicht drauf.
In flacher Schüssel ward die Brühe aufgetragen:
indes Langschnabel Storch kein Bisschen in den Magen
bekam, schleckt Reineke, der Schelm, das Ganze auf.
Doch etwas später lädt der Storch, aus Rache
für diesen Streich, den Fuchs zum Mahl auf seinem Dache.
„Gern", spricht Herr Reineke, „da ich nach gutem Brauch
mit Freunden nie Umstände mache."
Die Stunde kommt: es eilt der list'ge Gauch
nach seines Gastfreunds hohem Neste,
lobt seine Höflichkeit aufs Beste,
findet das Mahl auch schon bereit,
hat Hunger — diesen hat der Fuchs zu jeder Zeit —
und schnüffelnd atmet er des Bratens Wohlgerüche,
des leckern, die so süß ihm duften aus der Küche.
Man trägt ihn auf, doch — welche Pein! —
in Krügen eingepresst, langhalsigen und engen:
leicht durch die Mündung geht des Storches Schnabel ein,
umsonst sucht Reineke die Schnauze durchzuzwängen.
Hungrig geht er nach Haus und mit gesenktem Haupt
klemmt ein den Schwanz, als hätt' ein Huhn den Fuchs geraubt,
und lässt vor Scham sich lang nicht sehen.

Ihr Schelme, merkt euch das und glaubt:
Ganz ebenso wird's euch ergehen.

(Jean de La Fontaine)

Worterklärungen:
Lamprete: Speisefisch — Gauch: Betrogener, armer Narr

ARBEITSANREGUNG:

Wie gestaltet La Fontaine diese Fabel? Wieso zeigt sich der Fuchs am Ende reumütig?

6 Rache für erlittenes Unrecht

Venezianischer Holzschnitt aus dem 15. Jh.

1. Alter Löwe, Eber, Stier und Esel

Quicumqu*e* amisit dignitatem pristinam,
ignavis etiam iocus est in casu gravi.
Defectus annis et desertus viribus
leo cum iaceret spirit*um* extremum trahens,
aper fulmineis ad eum venit dentibus
et vindicavit ictu veter*em* iniuriam.
Infestis taurus mox confodit cornibus
hostile corpus. Asinus, ut vidit ferum
impune laedi, calcibus front*em* extudit.
At ill*e* exspirans: „Fortes indigne tuli
mih*i* insultare: te, naturae dedecus,
quod ferre cogor, certe bis videor mori.“

(Phaedrus I 21)

---

iocus, -i: Spott

3 **spiritum extremum trahere**: den letzten Atemzug tun — **aper, -pri**: Eber — **fulmineus, -a, -um** (*fulmen*): blitzend, mörderisch

6 **vindicare**: rächen — **confodere**: durchbohren

9 **calx, -cis**: Huf — **extundere**: schlagen — **exspirare** (*animam*): sterben — **insultare**: höhnen über

12 Ⓚ Ordnen Sie: *quod te ferre cogor, . . .*

ARBEITSANREGUNGEN:

1. Untersuchen Sie den Text nach Antithesen und weiteren Stilmitteln (z. B. Anapher, Klimax, Hyperbaton) und beachten Sie, wie diese künstlerischen Gestaltungsmittel den Inhalt unterstützen.
2. In wie viele Aktionen zerfällt die Erzählung?
3. Was will die Fabel, auf menschliche Verhältnisse übertragen, aussagen?
4. Fertigen Sie eine Strukturskizze an und versuchen Sie dabei, die Antithesen hervorzuheben.

2. De leone senectute confecto

Leo, qui iuventute complures sua ferocitate fecerat inimicos, in senectute exsolvit poenas. Reddunt talionem bestiae. Dente aper, cornu petit taurus. In primis asellus, vetus ignaviae nomen cupiens abolere, verbis et calcibus strenue insultat. Tum gemebundus leo: Hi, quibus olim nocui, iam vicissim nocent, et merito. Sed hi, quibus aliquando profui, iam vicissim non prosunt, immo etiam immerito obsunt. Stultus fui, qui multos fecerim inimicos, stultior, qui falsis amicis confisus fuerim.

Morale

In secundis rebus non efferaris, non sis ferox. Nam si vultum mutarit fortuna, ulciscentur, quos laesisti. Et inter amicos fac habeas discrimen. Sunt enim quidam amici non tui, sed mensae tuae, sed fortunae tuae. Quae quidem fortuna simulac mutata erit, et illi mutabuntur. Et bene tecum actum erit, si non inimici fuerint.

(Guilielmus Hermannus Goudanus)

---

poenas exsolvere: büßen — **talio, onis**: Vergeltung — **aper, apri**: Wildschwein, Eber
3 **asellus, -i** (dem. von *asinus*): Esel — **abolere**: beseitigen, abschaffen — **calx, -cis**: Huf — **strenuus, -a, -um**: kräftig, entschlossen — **insultare**: verspotten — **gemebundus, -a, -um**: stöhnend — **vicissim** (Adv.): umgekehrt
6 **confisus fuerim** ~ *confisus sim*
9 **efferri**: sich brüsten, stolz werden — **mutarit** ~ *mutaverit* — Ⓚ **fac habeas**: *fac* mit Konjunktiv als verstärkte Aufforderung — **discrimen, -minis**: Unterscheidung
12 **et illi** ~ *etiam illi* — Ⓚ **bene tecum agitur**: es geht dir gut

ARBEITSANREGUNGEN:

1. Welchen neuen Gesichtspunkt fügt der Dichter im „Morale“, der sittlichen Deutung, hinzu? Welche Lebensauffassung bezeugt er damit?
2. Vergleichen Sie damit folgenden Sinnspruch Ovids:

Donec eris sospes, multos habebis amicos,
tempora si fuerint nubila, solus eris.

---

sospes, -itis: unversehrt, glücklich
nubilus, -a, -um (*nubes*): trüb, traurig

Aquarell von M. Chagall, angefertigt zu den Fabeln von La Fontaine

MOTIVÄHNLICHES IN EINER FABEL DES 20. JH.S:

3. Schildkröte und Löwe

Um Leute, die sich für etwas Besonderes halten, wieder auf ihr normales Maß zu bringen, erzählt mein Onkel Aram die Geschichte von dem Löwen, den die Kugel eines Jägers verwundet hatte und der, dem Tod schon nahe, vor Schmerzen brüllte. Da näherte sich die kleine, langsame Schildkröte dem Löwen und fragte: „Was tut dir denn so weh?" „Ich bin von einem Jäger angeschossen worden", antwortete der Löwe. Da wurde die Schildkröte zornig und sagte: „Möge der Arm des Menschen brechen, der daherkommt und so erhabenen Geschöpfen der Erde wie uns ein Leid antut!" „Liebe Schildkröte", entgegnete der Löwe, „ich muss sagen, dass mich die Verwundung durch den Jäger weniger schmerzt als das, was du da gerade gesagt hast." Und kurz darauf war der Löwe tot.

(William Saroyan)

ARBEITSANREGUNG:

Wie könnte man diese Fabel mit dem Phaedrustext in Verbindung bringen?

7 Zweierlei Last

1. Zwei Maultiere und die Räuber

Muli gravati sarcinis ibant duo:
Unus ferebat fiscos cum pecunia,
alter tumentes multo saccos hordeo.
Ill*e* onere dives celsa cervic*e* eminens
clarumque collo iactans tintinnabulum,
comes quieto sequitur et placido gradu.
Subito latrones ex insidiis advolant
interque caedem ferro mulum sauciant,
diripiunt nummos, neglegunt vil*e* hordeum.
Spoliatus igitur casus cum fleret suos:
„Equid*em*“ inquit alter „me contemptum gaudeo;
nam nil amisi nec sum laesus vulnere.“
Hoc argumento tuta *e*st hominum tenuitas;
magnae periclo sunt opes obnoxiae.

(Phaedrus II 7)

---

mulus, -i: Maultier — **gravare** (*gravis*): beschweren, belasten — **sarcina, -ae**: Last — **fiscus, -i**: geflochtener Korb, Geldkorb

3 **tumere**: angefüllt sein — **saccus, -i**: Sack — **hordeum, i**: Gerste — **cervix, -icis**: Hals — **iactare**: hin- und herschwingen, h.: ertönen lassen — **tintinnabulum, -i**: Klingel, Schelle

6 **placidus, -a, -um**: sanft, ruhig — **sauciare** (*saucius*): verwunden

9 **spoliare**: berauben — **equidem** (Adv.): fürwahr — **contemptum** ~ *contemptum esse*

12 **nil** ~ *nihil* — **tenuitas, -atis** (*tenuis*): Armut — **periclum** (Synkope) ~ *periculum* — **obnoxius, -a, -um**: ausgesetzt, unterworfen

Arbeitsanregungen:

1. Lesen Sie die im jambischen Senar verfasste Fabel laut (Lektüre im Chor zu empfehlen).
   Beachten Sie, wie bestimmte Aussagen erst durch den Rhythmus an Wirkung gewinnen.
2. Nennen Sie Stilmittel (z. B. Alliteration, Hyperbaton, Onomatopöie, Antithese, Metonymie) und versuchen Sie zu begründen, inwiefern diese die Aussagewirkung erhöhen.
3. Worin erkennen Sie das *fabula docet* dieser Fabel? Durch welche Stilmittel kommt die Moral noch mehr zur Geltung?
4. Welchen Rat könnte Phaedrus mit dieser Fabel seinen Zeitgenossen wohl erteilt haben?
5. Übertragen Sie die „Fabel“ auf eine aktuelle Situation und verfassen Sie eine schriftliche Erlebniserzählung.

Motivvergleich:

2. De mulo et equo

Mulus conspiciens equum aureo freno insignem et purpureis opertum faleris rumpebatur invidia illum beatum reputans, qui continue optimis vesceretur cibis et decoro amiciretur ornatu, se autem prae illo infelicem, qui clitellis male dotatis oppressus quotidie maxima onera ferre cogeretur. At ubi vidit equum e pugna redeuntem multis affectum vulneribus prae illius calamitate se felicem appellabat, longe melius esse dicens quotidiano labore durum victum queritare et turpiter vestiri quam post optimos et delicatos cibos et tantos ornatus mortis adire discrimina. Haec fabula monet regibus et principibus minime invidendum, quia divitiis et opibus abundent, cum eorum vitam longe pluribus periculis quam pauperum videamus esse subiectam.

(Laurentius Abstemius, f. 47)

---

mulus, -i: Maultier — **conspicere**: erblicken — **frenum, -i**: Zügel — **purpureus, -a, -um**: purpurn, prächtig — **falerae, -arum**: Pferdeschmuck — **reputare**: halten für
3 **vesci** (mit Abl.): sich nähren von, speisen — **ornatus, -us** (*ornare*): Ausstattung — **amicire**: überwerfen, anlegen — **prae** (Präp. mit Abl.): im Vergleich zu — **clitellae, -arum**: Last-, Packsattel — **dotare**: ausstatten
6 **quotidianus, -a, -um**: täglich — **queritare** (*queri*): heftig klagen über — **delicatus, -a, -um**: köstlich
9 **discrimen, -minis**: Gefahr — **invidendum** ~ *invidendum esse* — **subicere** (*subicio, subieci, subiectum*): pass. unterliegen

Arbeitsanregungen:

1. Welche Sinnrichtung enthalten im ersten Satz die beiden konjunktivischen Relativsätze?
2. Welches gemeinsame Thema beinhalten die beiden Fabeln?

3. Mus urbanus et rusticus

Mus urbanus iter agebat sicque a mure agrario rogatus hospitio suscipitur et in eius brevi casella ei glandes et hordeum exhibuit. Deinde mus urbanus rediens murem agrarium rogabat, ut etiam ipse secum pranderet.

Factumque est, dum simul transirent, ut ingrederentur domum honestam, in qua erat cellarium, omnibus bonis plenum. Cum haec mus muri ostenderet, sic ait: „Fruere mecum, amice, quae nobis quotidie superant."

Cumque multis cibariis vescerentur, venit cellarius festinans et ostium cellarii impulit. Mures, strepitu territi, fugam per diversa petiverunt. Mus urbanus notis cavernis cito se abscondit; at miser ille agrarius fugit per parietes ignarus putans se morti proximum.

At ubi exiit cellarius, cellae ostio clauso, sic mus urbanus agrario dixit: „Quid te turbasti fugiendo? Fruamur, amice, istis bonis! Nihil verearis nec timeas!"

Agrarius haec contra: „Tu fruere," inquit, „istis omnibus, qui nec times nec pavescis nec te turbatio quotidiana terret. Ego vero fruar bonis in agro, ubi ego vivo frugi in agro, ad omnia laetus, nullus me terret timor, nulla perturbatio corporis. Nam tu vivis sollicitus, nulla tibi est satietas. At tenso muscipulo teneris aut captus a catto comederis."

Haec fabula illos increpat, qui se iungant melioribus, ut fruantur aliquo bono, quod ipsis a natura datum non est. Diligant frugalem vitam homines et securi erunt in sua casella.

(Romulus I 12)

---

mus, muris: Maus — **mus urbanus**: Stadtmaus — **mus agrarius**: Landmaus — **rogare** h.: einladen — **hospitio suscipere**: gastlich aufnehmen — **casella** (dem. von *casa*): Hütte — **glans, -ndis**: Eichel — **hordeum, -i**: Gerste — **exhibere**: herbeischaffen — **prandere**: essen

6 **cellarium, -i**: (dem. von *cella*): Kammer — **cibarium, -i** (*cibus*): Speise

9 **cellarius, -i**: Kellermeister — **ostium, -i**: Tür — **impellere**: aufstoßen — **strepitus, -us**: Geräusch — **caverna, -ae** h.: Schlupfloch

15 **pavescere** (*pavor*): erschrecken

18 **frux, frugis**: Feldfrucht — **sollicitus, -a, -um**: in Sorge

satietas, -atis: Überdruss — **muscipula, -ae** (*mus / capere*): Mausefalle — **cattus, -i**: Kater

Arbeitsanregung:

In welcher Hinsicht lässt sich die Überschrift „Zweierlei Last" auch auf diese Fabel übertragen?

Bildausschnitt zur Fabel von Stadt- und Landmaus aus dem Buch „Fabulae Aesopicae per schedas comicas enarratae" von Werner Hensellek. Zeichnungen von Martin Neubauer (1991).

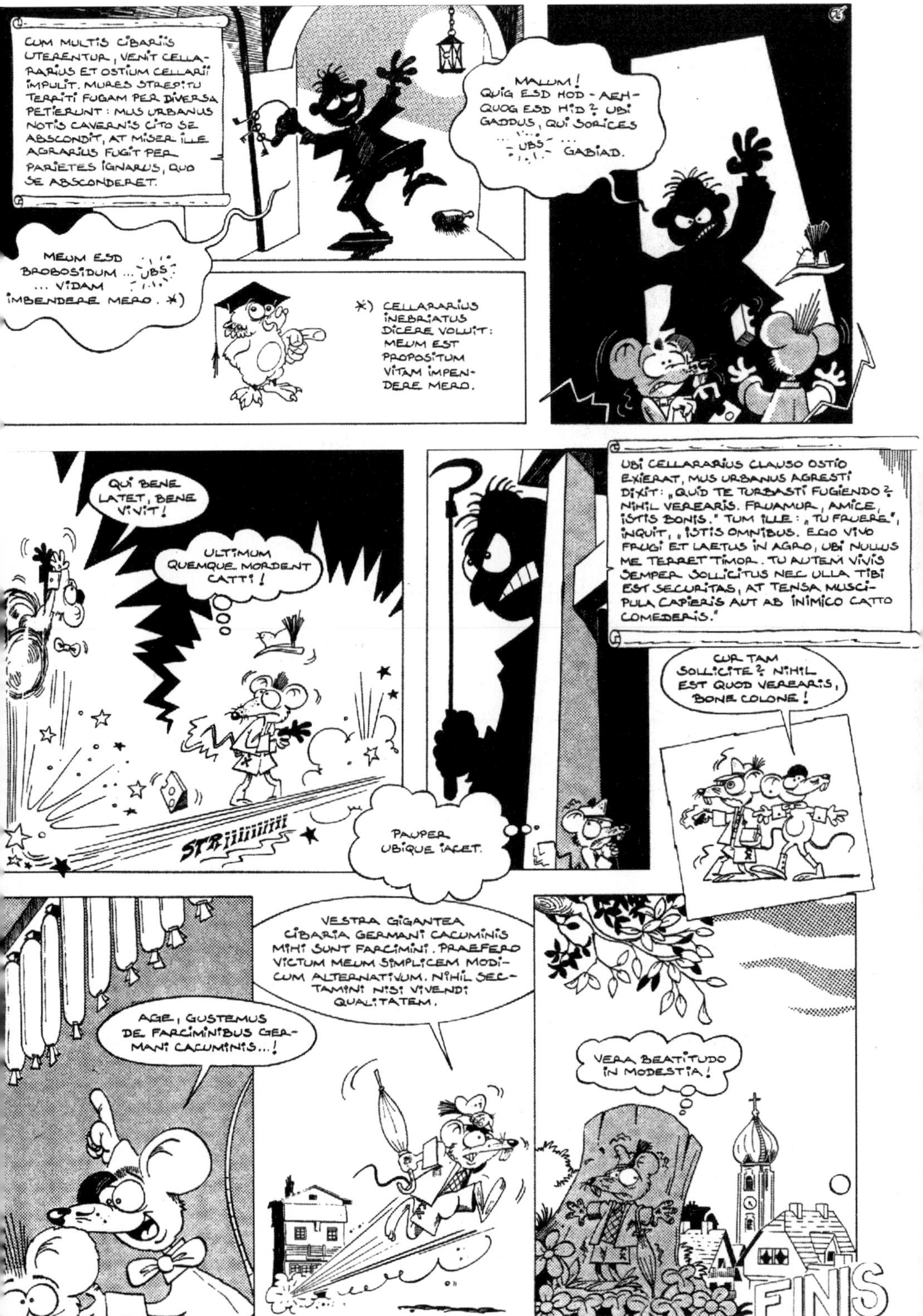
CUM MULTIS CIBARIIS UTERENTUR, VENIT CELLARARIUS ET OSTIUM CELLARII IMPULIT. MURES STREPITU TERRITI FUGAM PER DIVERSA PETIERUNT: MUS URBANUS NOTIS CAVERNIS CITO SE ABSCONDIT, AT MISER ILLE AGRARIUS FUGIT PER PARIETES IGNARUS, QUO SE ABSCONDERET.
MEUM ESD BROBOSIDUM ... UBS ... VIDAM IMBENDERE MERO. *)
*) CELLARARIUS INEBRIATUS DICERE VOLUIT: MEUM EST PROPOSITUM VITAM IMPENDERE MERO.
MALUM! QUIG ESD HOD - AEH - QUOG ESD HID? UBI GADDUS, QUI SORICES ... UBS ... GABIAD.
QUI BENE LATET, BENE VIVIT!
ULTIMUM QUEMQUE MORDENT CATTI!
STRiiiiiiii
PAUPER UBIQUE IACET.
UBI CELLARARIUS CLAUSO OSTIO EXIERAT, MUS URBANUS AGRESTI DIXIT: „QUID TE TURBASTI FUGIENDO? NIHIL VEREARIS. FRUAMUR, AMICE, ISTIS BONIS." TUM ILLE: „TU FRUERE", INQUIT, „ISTIS OMNIBUS. EGO VIVO FRUGI ET LAETUS IN AGRO, UBI NULLUS ME TERRET TIMOR. TU AUTEM VIVIS SEMPER SOLLICITUS NEC ULLA TIBI EST SECURITAS, AT TENSA MUSCIPULA CAPIERIS AUT AB INIMICO CATTO COMEDERIS."
CUR TAM SOLLICITE? NIHIL EST QUOD VEREARIS, BONE COLONE!
AGE, GUSTEMUS DE FARCIMINIBUS GERMANI CACUMINIS...!
VESTRA GIGANTEA CIBARIA GERMANI CACUMINIS MIHI SUNT FARCIMINI. PRAEFERO VICTUM MEUM SIMPLICEM MODICUM ALTERNATIVUM. NIHIL SECTAMINI NISI VIVENDI QUALITATEM.
VERA BEATITUDO IN MODESTIA!
FINIS

8 Unrecht Gut tut nicht gut

Venezianischer Holzschnitt aus dem 15. Jh.

1. Fuchs und Adler

Quamvis sublimes debent humiles metuere,
vindicta docili quia patet sollertiae.
Vulpinos catulos aquila quondam sustulit
nidoque posuit pullis, esc*am* ut carperent.
Hanc persecuta mater orar*e* incipit,
ne tantum miserae luct*um* importaret sibi.
Contempsit illa, tuta quipp*e* ipso loco.
Vulpes ab ara rapuit ardentem facem
totamque flammis arborem circumdedit,
hosti dolorem damno miscens sanguinis.
Aquil*a* ut periclo mortis eriperet suos
incolumes natos supplex vulpi tradidit.

(Phaedrus I 28)

Ⓚ **quamvis** (Adv. zu *sublimis*): wenn auch noch so — **sublimis, -e**: hochstrebend, erhaben — **vindicta, -ae** (*vindicare*): Rache — **sollertia, -ae**: Schlauheit, Gewandtheit — **docilis, -e**: gewandt

3 **vulpinus, -a, -um** (*vulpes*): Fuchs . . ., des Fuchses — **catulus, -i**: Junges — **tollere** (*tollo, sustuli, sublatum*): emportragen — **pullus, -i**: Junges — Ⓚ **nido posuit pullis** ~ *in nido posuit pullis* — **esca, -ae**: Speise — **carpere**: genießen, verzehren — **persequi**: nachgehen, verfolgen

6 **importare** ~ *portare* — **fax, -cis**: Fackel, Feuer

9 **damnum, -i**: Verlust — **periclum** (Synkope) ~ *periculum*

ARBEITSANREGUNGEN:

1. Halten Sie in einer Strukturskizze Gegensätze fest und beachten Sie die sprachlichen Mittel, die zur Verstärkung der Wirkungsabsicht dienen.
2. Welche Aussageabsicht verfolgt diese Fabel?
3. Suchen Sie, von dieser Fabel ausgehend, in Ihrem eigenen Erfahrungs- oder Erlebnisbereich nach einer motivgleichen Begebenheit und gestalten Sie daraus ein dramatisches Spiel. Geben Sie dazu einen treffenden Titel.

Holzschnitt aus einem lateinischen Schulbuch des frühen 18. Jh.s, hrsg. in Bassano (Veneto)

MOTIVVERGLEICH:

2. De ciconia et hirundine

Ciconia nidum in quadam turri faciebat foris in cacumine, hirundo vero intus. Sed hirundo saepissime clamabat et de natis pullis laetabatur, ciconia vero in hoc tristabatur. Cum enim volebat quiescere cum filiis, non valebat propter garritum hirundinis. Ideo absente hirundine ciconia nidum illius dissipavit et pullos illius interemit. Cumque ad nidum reversa fuisset hirundo, ultra quam credi potest, tristabatur de interitu filiorum, sed quia ignorabat, quis hoc ei fecisset, non se vindicabat. Paulo post iterum se reparavit hirundo et nidum construxit ac filios procreavit, de quibus laetabatur, et plurimum garriebat, ciconia vero ut prius perturbata coepit vociferari dicens: „Certe sicut tibi feci,

---

ciconia, -ae: Storch — **hirundo, -inis**: Schwalbe — **foris** (Adv.): außerhalb — **cacumen, -inis**: Wipfel — **pullus, -i**: Junges

3 **tristari** (*tristis*): betrübt sein — **garritus, -us**: (*garrire*): Geschwätz — **dissipare**: zerstören — **interimere** (*interimo, interemi, interemptum*): töten

6 **reversa fuisset** ~ *reversa esset* — **ultra** (Adv.): mehr als — **se vindicare**: sich rächen — **se reparare**: sich erholen

9 **procreare**: hervorbringen — **vociferari** (*vox*): schreien

adhuc faciam, pullos tuos cum nido praecipitabo, propterea quod garriendo non permittis me cum filiis conquiescere.“ Hoc audiens hirundo et cognoscens, quod ciconia filios suos peremit, toto studio se peroptabat vindicare. Idcirco quadam vice dormiente ciconia cum filiis hirundo in nido illius ignem posuit et ipsam cum pullis suis inflammavit dicens: „Qui se videt vindicatum, prospicit se consolatum.“
In hoc apparet, quod non licet inferiores infestare nec iniurari, ne occulte nobis mala inferant.

(Nicolaus Pergamenus, Dialogus Creaturarum 67)

---

praecipitare: hinabwerfen
12 Ⓚ **cognoscens, quod** . . .: anstelle eines AcI — **perimere**: töten — **peroptare**: innigst wünschen — **idcirco** (Adv.): deshalb — **quadam vice**: ml. einst
15 **consolari**: trösten — **infestare**: in Gefahr bringen — **iniurari** (*iniuria*): beleidigen

ARBEITSANREGUNG:

Welche Haltung nehmen die Autoren in den beiden Fabelbeispielen gegenüber dem „Starken“ und dem „Schwachen“ jeweils ein?

DER ADLER IN EINEM FABELTEXT DES 20. JH.S:

3. Wer oben sitzt, sieht niemals alles, am wenigsten im Fall des Falles

Der Adler baute seinen Horst auf einer alten Eiche, obwohl der Maulwurf ihn davor gewarnt hatte. Der Baum war wurzelkrank, und das konnte nur der Maulwurf wissen. Schon beim nächsten Sturm brach die Eiche und erschlug die jungen Adler.
Es war ein Fehler, sagte der Adler, dass ich auf den Maulwurf nicht gehört habe. Ein noch größerer Fehler aber wäre es gewesen, hätte ich auf ihn gehört. Das hätte ein schlechtes Beispiel gegeben, und alle Maulwürfe würden sich fortan erdreisten, uns Ratschläge zu erteilen. Wo bliebe da der Adler?

(Gerhard Branstner, Fabel 7)

ARBEITSANREGUNG:

Welche Eigenheiten und Schwächen werden dem Adler in der römischen und mittelalterlichen Fabel ebenso wie in der modernen zugeschrieben?

9 Ausgenützt

Fabeldarstellung im Arkadenhof der Churburg bei Schluderns/Südtirol

1. Wolf und Kranich

Qui pretium merit*i* ab improbis desiderat,
bis peccat: primum quoni*am* indignos adiuvat;
impun*e* abire deinde quia iam non potest.
Os devoratum fauce *cum* haereret lupi,
magno dolore victus coepit singulos
illicere preti*o*, ut illud extraherent malum.
Tandem persuasa *e*st iure iurando gruis,
gulaeque credens colli longitudinem,
periculosam fecit medicinam lupo.
Pro quo cum pactum flagitaret praemium:
„Ingrata *es*“ inquit „ore qu*ae* e nostro caput
incolum*e* abstuleris et mercedem postules.“

(Phaedrus I 8)

---

3 **devorare**: hinunterschlingen — **faux, -cis**: Schlund
6 **illicere**: anlocken — **ex-trahere**: herausziehen — **gruis, -is**: Kranich — **gula, -ae**: Kehle, Rachen — **credere**: anvertrauen
9 **medicina, -ae** h.: Heilung — **pactus, -a, -um**: versprochen — **flagitare**: verlangen

ARBEITSANREGUNGEN:

1. Beachten Sie die Hyperbata. Was wird dadurch jeweils hervorgehoben?
2. Was will der Dichter durch die Stellung von „os devoratum“ an den Satzanfang wohl bewirken?
3. An wen richtet Phaedrus die Lehre im Promythion?
4. Vergleichen Sie das Promythion mit der Antwort des Wolfes am Ende. Beachten Sie dabei die Adjektive *improbus, indignus, impune, ingratus, incolumis.*
5. Gestalten Sie auf Latein einen Dialog mit Partner und Gegenpartner, wobei ein dritter Schüler als Berichterstatter — ebenfalls auf Latein — den Mitschülern das Gespräch in indirekter Rede wiedergibt.

2. Lupus et gruis

Quicumque malo benefacit, satis peccat. De quo iamiam audi fabulam. Ossa lupus cum devoraret, unum ex illis haesit ei in faucibus transversum, graviter eum affligens. Invitavit lupus magno pretio, qui hoc extraheret malum. Rogabatur gruis collo longo, ut praestaret lupo medicinam. Id egit, ut immitteret caput et extraheret malum de faucibus lupi. Sanato lupo rogabat gruis reddi sibi promissa praemia. At lupus dicitur dixisse: „Ingrata est illa gruis, quae caput incolume extulit, non vexatum dente nostro, et mercedem postulat. O iniuria meis virtutibus!“

(Romulus I 8)

---

gruis, -is: Kranich — **bene-facere**: wohl daran tun — **iamiam** (Adv.): sofort, gleich — **trans-versus, -a, -um**: schief, quer liegend
affligere: betrüben — **immittere** h.: hineinstecken
efferre h.: herausziehen — **vexare**: misshandeln, quälen

ARBEITSANREGUNG:

Vergleichen Sie die Prosafassung mit dem Phaedrustext. Durch welche Stilmittel bringt die Versfabel die Aussage mehr zur Geltung als die Prosabearbeitung?

3. De ciconia et lupo / Contra crudeles dominos male remunerantes

Semel lupus fere ex uno osse strangulabatur. Quaesitus fuit medicus. Dixerunt servientes: Ciconia habet longum rostrum et poterit os a gutture extrahere. Quaesita est ciconia; merces magna est promissa. Venit et os a gutture extraxit. Mercedem quaesivit. Lupus nihil dare voluit dicens: Nonne, quando caput tuum fuit in ore meo, potui te interficere? Nonne sufficit tibi, quod permisi te vivere?

---

remunerari (*munus*): vergelten — **strangulare**: ersticken
sufficere: genügen

Sic rustici et pauperes, quando serviunt, nullam mercedem habere possunt. Dicit enim dominus: homo meus es; nonne magnum est, si te non
9 excorio, si te vivere permitto?

(Odo von Cherington, f. 6)

---

9 **excorere** (*cor*): entseelen

ARBEITSANREGUNG:

Wer ist unter *dominus* im Untertitel und im Schlusssatz wohl zu verstehen?

4. Vom Kranich und Wolffe

(Da der) wolff (eins mals / ei schaff geitziglich fras /) bleib yhm ein beyn (ym) halse uberzwerig stecken / davon er grosse not und angst hatte / Und erbot sich / gros lohn und geschenck zu geben wer yhm hulffe / Da kam der kranich und sties seinen langen kragen dem wolff ynn den rachen und zoch das beyn heraus / Da er aber das verheissen lohn fordert / sprach der wolff / Wiltu noch lohn haben / Dancke du Gott / das ich dir den hals nicht abgebissen (habe) / du solltest mir schencken das du lebendig aus meinem rachen (komen bist)

Diese fabel zeigt

Wer (den) leuten (ynn der welt) wil wol thun / der mus sich erwegen / undanck zu verdienen / Die wellt lohnet (nicht anders denn) mit undanck Wie man spricht / wer einen vom galgen erloset dem hilfft der selbige gerne dran.

(Martin Luther)

ARBEITSANREGUNG:

Unter welches Motto könnte man die Fabel Luthers stellen?

5. Der Wolf auf dem Todbette

Der Wolf lag in den letzten Zügen und schickte einen prüfenden Blick auf sein vergangenes Leben zurück. Ich bin freilich ein Sünder, sagte er; aber doch, hoffe ich, keiner von den größten. Ich habe Böses getan, aber auch viel Gutes. Einstmals, erinnere ich mich, kam mir ein blökendes Lamm, welches sich von der Herde verirret hatte, so nahe, dass ich es gar leicht hätte würgen können; und ich tat ihm nichts. Zu eben dieser Zeit hörte ich die Spöttereien und Schmähungen eines Schafes mit der bewundernswürdigsten Gleichgültigkeit an, ob ich schon keine schützenden Hunde zu fürchten hatte.

Und das alles kann ich dir bezeugen, fiel ihm Freund Fuchs, der ihm zum Tode bereiten half, ins Wort. Denn ich erinnere mich noch gar wohl aller Umstände dabei. Es war zu eben der Zeit, als du dich an dem Beine so jämmerlich würgtest, das dir der gutherzige Kranich hernach aus dem Schlunde zog.

(Gotthold Ephraim Lessing)

ARBEITSANREGUNG:

Wie verwertet Lessing die Fabel des Phaedrus? Wie kann sie auf menschliche Verhältnisse übertragen werden?

6. Der Lohn für den Dienst?

In Wolfes Rachen steckt ein Bein
Chirurgus Kranich fährt hinein
und hat es glücklich schon
„Herr Wolf, mein Feldscherlohn!“
Den hast du, sprach der Wolf,
du Langhalsschnabel schon:
denn Herr, bei meiner Seele!
Ihr wart mir in der Kehle.
„Herr Hofmann, Eure Pension
für so viel Sklavendienst,
wo ist nun Euer Lohn?“
Freund, rechne mirs genug
zum Lohne, dass ich mit heiler Krone
hier wohne.

(Johann Gottfried Herder)

Worterklärungen: Feldscher: Wundarzt
Hofmann: Angestellter eines Fürsten
Pension: Unterkunft und Verköstigung

Fabelbild auf einer Spielkarte des 16. Jh.s, enthalten im Spielkartenbuch des Nürnberger Malers und Radierers Jost Amman

ARBEITSANREGUNG:

Welche zeitkritische Aussage enthält diese Fabel?

MOTIVVERGLEICH:

7. Die Kunst lässt weg, so geht die Sage. Nur, was sie weglässt, ist die Frage.

Der Wolf und der Igel besuchten eine Gemäldeausstellung. Dort hing auch ein Porträt des Wolfes, das der Affe verfertigt hatte. Der Wolf lobte das Bild über alle Maßen. Wie kannst du so was loben, wunderte sich der Igel, selbst die Hasen werden lachen, wenn sie dich so sehen. Deine wahre Natur ist überhaupt nicht zu erkennen. Eben deshalb gefällt mir das Bild, erklärte der Wolf.

(Gerhard Branstner, Fabel 9)

8. Schönheit der Arbeit

Der Buntspecht hatte dem Waldkauz eine Wohnung gezimmert. Als er kam, um die Rechnung zu präsentieren, lachte der Waldkauz ihn aus. „Hast du nicht ständig in diesem farbenprächtigen Anzug gesteckt und wie ein Wilder bei deiner Arbeit getrommelt?“ „Allerdings“, nickte der Specht. „Und — ?!“ rief der Waldkauz empört, „Wie komme ich dazu, dir deine Amüsements zu bezahlen?“

(Wolfdietrich Schnurre)

ARBEITSANREGUNG:

Inwiefern lassen sich diese beiden Fabeln mit Phaedrus vergleichen? Ordnen Sie den Handlungsträgern Menschentypen der heutigen Gesellschaft zu.

10 Die Willkür des Mächtigen

1. Kuh, Ziege, Schaf und Löwe

Numquam *e*st fidelis cum potente societas:
Testatur haec fabella propositum meum.
Vacc*a* et capell*a* et patiens ovis iniuriae
socii fuere cum leon*e* in saltibus.
Hi cum cepissent cervum vasti corporis,
sic est locutus, partibus factis, leo:
„Ego primam tollo, nominor quia leo;
secundam, quia sum fortis, tribuetis mihi;
tum, quia plus valeo, me sequetur tertia;
mal*o* afficietur, si quis quartam tetigerit.“
Sic totam praedam sol*a* improbitas abstulit.

(Phaedrus I 5)

---

fidelis, -e h.: zuverlässig — **testari** (*testis*): bezeugen — **propositum, -i** (*proponere*): Behauptung

3 **vacca, -ae**: Kuh — **capella, -ae**: kleine Ziege – **ovis, -is**: Schaf — **saltus, -us:** Wald, Schlucht

6 **tollere** h.: für sich nehmen

9 **improbitas, -atis** (*improbus*): Bösartigkeit

ARBEITSANREGUNGEN:

1. Arbeiten Sie den Aufbau der Fabel heraus.
2. Welche persönlichen Erfahrungen könnte Phaedrus in dieser Fabel mitverwertet haben?
   Versuchen Sie die Fabel vor dem biographischen Hintergrund des Autors zu deuten.
3. Welche Moral lehrt diese Fabel?
4. Setzen Sie die Erzählung der Fabel auf Deutsch fort und erfinden Sie eine neue Endsituation.
   Die schriftlich abgefasste Erzählung kann als Rollenspiel umgestaltet werden.

VERGLEICHSTEXTE:

2. Von dem Lewen / Rind / Zigen und Schaff

Holzschnitt aus dem 16. Jh. in der Fabelausgabe von Steinhöwel

Es geselleten sich / ein Rind / Zigen / und Schaff zum Lewen und zogen miteinander auff die iaget ynn einen forst / da sie nu einen Hirs gefangen / und ynn vier teil gleich geteilet hatten Sprach der lewe Ihr wisset / Das ein teil mein ist als ewrs gesellen / das ander geburt mir / als eim konige unter den thieren / Das dritte wil ich haben darumb das ich stercker bin und mehr darnach gelauffen und gearbeitet habe / denn yhr alle drey / Wer aber das vierde haben wil / der mus mirs / mit gewallt nemen / Also musten die drey / fur yhre muhe das nachsehen / und den schaden zu lohn / haben
Lere

Fare nicht hoch / Hallt dich zu deines gleichen / Dulcis inexpertis cultura potentis amici / es ist mit herrn nicht gut kirschen essen / sie werffen einen mit den stilen. Das ist eine gesellschaft mit dem Lewen / wo einer allein den genies / der ander allein den schaden hat.

(Martin Luther)

Dieselbige fabel auff ein ander weise
Ein lewe / fuchs und Esel iagten miteinander und fiengen einen hirs / Da hies der lewe den Esel das wilpret teilen / Der esel machet drey teil Des ward der lewe zornig / und reis dem esel die haut uber den kopff / das er blutrunstig da stund / Und hies den fuchs das wilpret teilen / der fuchs sties die drey teil zu samen und gab sie dem lewen gar. Des lachet der Lewe / und sprach / Wer hat dich so leren teilen / Der fuchs zeiget auff den esel und sprach / Der Doctor da ym roten parret /

(Martin Luther)

ARBEITSANREGUNG:

Durch welche Änderungen in der zweiten Fabel erzielt M. Luther eine neue Deutung?

MOTIVVERGLEICH IN FABELN DES 20. JH.S:

3. Der Löwe und die Füchse

Gerade hatte der Löwe dem Schaf, der Ziege und der Kuh auseinander gesetzt, dass der von ihnen erlegte Hirsch einzig und allein ihm gehöre, als drei Füchse erschienen und vor ihn hintraten.
„Ich nehme ein Drittel des Hirsches als Strafgebühr", sagte der erste Fuchs. „Du hast nämlich keinen Jagdschein."
„Und ich", sagte der zweite, „nehme ein Drittel des Hirsches für deine Witwe, denn so steht es im Gesetz."
„Ich habe gar keine Witwe", knurrte der Löwe.
„Lassen wir doch die Haarspaltereien", sagte der dritte Fuchs und nahm sich ebenfalls seinen Anteil.
„Als Einkommenssteuer", erklärte er. „Das schützt mich ein Jahr lang vor Hunger und Not."
„Aber ich bin der König der Tiere", brüllte der Löwe.
„Na, dann hast du ja eine Krone und brauchst das Geweih nicht", bekam er zur Antwort, und die drei Füchse nahmen auch noch das Hirschgeweih mit.
Moral: Heutzutage ist es nicht mehr so leicht wie in früheren Zeiten, sich den Löwenanteil zu sichern.

(James Thurber)

4. [Das stärkere Recht]

Der Löwe rief die kleineren Tiere zusammen.
Ich will nicht mehr vom Recht des Stärkeren sprechen, sagte er.
Bravo, riefen die Tiere.
Sondern nur noch, soweit es sich um mich handelt, vom stärkeren Recht.

(Helmut Arntzen)

5. [Das Ereignis]

Der Esel trieb den Löwen zur Eile an: Sonst kommt Ihr zu spät zum Ereignis. Das Ereignis, sagte der Löwe, bin ich.

(Helmut Arntzen)

6. Wird ein Wort aus Angst vermieden, braucht's kein Gesetz, es zu verbieten

In meinem Reich, sprach der Löwe, gibt es keine Zensur; bei mir kann jeder sagen, was ich will.

(Gerhard Branstner, Fabel 29)

Zeichnung von Hans Ticha im Fabelbuch von G. Branstner

7. Freiheit auf Befehl ist Kuchen ohne Mehl

Um den Vorwurf zu entkräften, er folge doch immer nur seiner eigenen Meinung, trat der Löwe vor das Parlament der Tiere und sagte, er wolle diesmal nicht als Erster sprechen, damit die Versammelten ihre eigene Meinung unbeeinflusst äußern könnten.

Nun wollte lange Zeit überhaupt keiner etwas sagen. Da endlich rief der Hase: Ich bin ganz deiner Meinung!

Wie kannst du meiner Meinung sein?, wunderte sich der Löwe, ich habe ja noch gar nichts gesagt.

Trotzdem bin ich deiner Meinung, beharrte der Hase. Das ist die einzige, die ich habe.

Wenn das so ist, sagte der Löwe, verspreche ich dir, deiner Meinung zu folgen, obwohl ich sie noch nicht geäußert habe.

(Gerhard Branstner, Fabel 23)

8. Rechtsstaat

Die Fleischfresser beklagten sich bei dem Löwen und König der Tiere, weil er ihnen die Jagd verboten und gewohntes Recht genommen habe.

„Nicht bei mir dürft ihr euch beklagen“, fauchte der Löwe. „Klagt vor dem Richter! Der vertritt das Recht, das ich befohlen habe.“ — „Schließlich“, so brüllte der Löwe, „leben wir in einem Rechtsstaat!“

(Wilfried Liebchen)

ARBEITSANREGUNGEN:

1. Welchen Typ von Autorität stellt der Löwe in diesen Fabeln dar?
2. Auf welche politisch-soziale Situation wird in den Fabeln wohl jeweils angespielt“

Liegender Löwe, Holzschnitt von Gerhard Marcks, 1950

11 Schaffe in der Zeit, so hast du in der Not

1. Ameise und Grille

Hiemis formica grana tempor*e* e cavo
trahens siccabat, quae prudens collegerat
aestat*e*. Esuriens hanc, ut aliquid sibi daret,
rogat cicada. Cui formic*a*: „Aestate quid
agebas?“ inquit. Illa: „Non erat otium,
ut de futuro cogitarem tempore;
errabam cantans per sepes et pascua.“
Ridens formic*a*, et grana referens, sic ait:
„Aestate quae cantast*i*, age, salta frigore.“
Piger laboret certo semper tempore,
ne, cum nil habeat, poscens accipiat nihil.

(Appendix Fabularum Aesopiarum XXVIII)

---

formica, -ae: Ameise — **granum, -i**: Korn — **cavum, -i**: Loch — **siccare**: trocknen, aussaugen — Ⓚ Ordnen Sie.: *hiemis tempore formica grana e cavo trahens . . .*
3 **esurire**: hungrig sein — **cicada, -ae**: Grille
6 **sepes, -is**: Hecke — **pascuum, -i**: Weide
9 Ⓚ Ordnen Sie: *(Tu), quae aestate cantasti, . . .* — **nil** ~ *nihil*

2. De formica et cicada

Hiemis tempore formica frumentum ex caverna trahens siccabat, quod aestate colligens coagulaverat. Cicada autem esuriens eam rogabat, ut daret sibi aliquid de cibo, ut viveret. Cui formica: „Quid faciebas“, inquit, „in aestate?“ At illa: „Non mihi vacabat; per sepes oberrabam cantando.“ Ridens formica et frumentum includens dixit: „Si aestate cantasti, hieme salta!“

(Romulus IV 19)

---

formica, -ae: Ameise — **cicada, -ae**: Grille — **caverna, -ae**: Höhle — **siccare**: trocknen, aussaugen — **coagulare** (*cogere*): sammeln — **cicada, -ae**: Grille — **esurire**: hungrig sein
3 **vacat** (unpers. mit Dat.): jem. hat freie Zeit — **sepes, -is**: Hecke — **oberrare**: hin und her irren — **includere**: einsperren
6 **cantasti** ~ *cantavisti*

Holzschnitt aus dem 16. Jh. in der Fabelausgabe von Steinhöwel

ARBEITSANREGUNGEN:

1. Welche Unterschiede erkennen Sie zwischen den beiden Texten?
2. Welche Lebenseinstellung vertreten Ameise und Grille?

VERGLEICHSTEXTE:

3. Wider die fawlen

Die ameiß mit dem grillen:
Aesopus vns beschreibt ein fabel,
Zu leer vns fürlegt die parabel,
Wie ein ameiß zu Winters zeyt
Zog aus ir hölen tieff vnd weyt
Ir korn, das sie in dem summer
Gesamlet het mit sorg vnd kummer,
Zu trücknen an dem kalten lufft,
Weil es mit feuchte war bedufft.

Zu der kam ein hungriger grill,
Er batt die ameiß hoch vnd viel,
Im auch von jrer speiß zu geben,
Das er beleiben möcht bei leben.
Die ameiß sprach hinwider schon:
„Was hast im sommer du gethon,
Das du nicht speiß hast eingetragen?“
Der grill ward zu der ameiß sagen:
„Ich war fröhlich vnd hab gesungen,
Hin vnd her durch die zeun gesprungen.“
Die ameiß lacht vnd sprach: „Du gauch,
So sing vnd spring im winter auch!
Die speiß hab ich für mich gesamlet.“
An diesem wort der grill verstamlet,
Zog ab vnd litt von hunger zwang
Durch auß vnd auß den winter lang.
(Hans Sachs)

Hans Sachs, der Nürnberger Schuhmacher und Poet, im Alter von 51 Jahren; Holzschnitt von Hans Brosamer (1545)

Worterklärung:
Gauch: armer Narr

4. Nocet empta dolore voluptas

Das Emblem, eine im 16. und 17. Jh. beliebte Kunstform, setzt sich aus einer meist lateinischen Überschrift, einem allegorisch gemeinten Bild und einem darunter stehenden kurzen Sinnspruch zusammen.

Emblem aus der Barockzeit

Cantus plena cicada, sed est formica laboris:
Ill*a* eget, haec frugum semper abundat ope.

5. Die Ameise und die Grille

Ei, singe, singe, singe nur!
So schalt, auf der schon kahlen Flur,
Im ernsten Tone der Sybille,
Die Ameis' auf die frohe Grille.
Bald ist der Winter vor der Thür
Und dann? – Ei nun, dann sterben wir,
Versetzt die Grille, du mit Jammer
In deiner vollen Speisekammer;
Ich, nach genossnem Freudenmahl,
Mit Lobgesang im leeren Saal.
(Gottlieb Konrad Pfeffel)

ARBEITSANREGUNGEN:

1. In welcher Weise wird hier die Aussage des Originals verändert?
2. Vergleichen Sie die Fabel mit Text 3 in Bezug auf die Haltung der Grille!

6. La cigale et la fourmi

La cigale ayant chanté
Tout l'été,
Se trouva fort dépourvue
Quand la bise fut venue:
Pas un seul petit morceau
De mouche ou de vermisseau.
Elle alla crier famine
Chez la fourmi sa voisine,
La priant de lui prêter
Quelque grain pour subsister
Jusqu'à la saison nouvelle.
Je vous paierai, lui dit-elle,
Avant l'oût, foi d'animal,
Intérêt et principal.
La fourmi n'est pas prêteuse:
C'est là son moindre défaut.
„Que faisiez-vous au temps chaud?
Dit-elle à cette emprunteuse. —
Nuit et jour à tout venant
Je chantois, ne vous déplaise. —
Vous chantiez! j'en suis fort aise;
Eh bien! dansez maintenant."
(Jean de La Fontaine)

„La cigale et la fourmi" —
Illustration zu einer Ausgabe
der Fabeln von La Fontaine

Die Grille und die Ameise
Nachdem sie den ganzen Sommer gesungen hatte, stand die Grille ohne jeden Vorrat da, als der kalte Nordwind gekommen war: nicht das kleinste Stück Fliege oder Regenwurm. Da ging sie zur Ameise, ihrer Nachbarin, lamentierte über ihre Hungersnot und bat sie, ihr etwas Korn zu leihen, damit sie bis zum nächsten Frühjahr überleben könnte. „Noch vor August, bei meiner Tierehre", sagte sie zu ihr, „werde ich Euch die geliehene Summe samt Zinsen zurückzahlen." Die Ameise aber gehört nicht zu denen, die gern leihen; was das Leihen betrifft, so ist das ihr geringstes Laster. „Was machet ihr denn in der warmen Jahreszeit?", sprach sie zu dieser Borgerin. „Tag und Nacht für jeden, der kam, sang ich, mit Verlaub." — „Ihr sangt? Was sollte mich denn daran stören? Na gut, da könnt Ihr jetzt ja tanzen."

(Übersetzung)

ARBEITSANREGUNGEN:

1. Wodurch erzielt La Fontaine in der Darstellung der beiden Tiere eine Veränderung gegenüber den früheren Fabeln?
2. Wie wird das Verhalten der Grille zur Ameise beurteilt? Worin könnte dies seinen Grund haben?

VERGLEICHSTEXTE DES 20. JH.S:

7. Sie tanzte nur einen Winter

Es war Sommer. Auf einer Wiese, wo sich die Blumen im weichen Winde wiegten, saß eine Grille. Sie sang. Am nahen Waldrand eilte geschäftig eine Ameise hin und her. Sie trug Nahrung für den Winter zusammen. So reihte sich Tag an Tag. Der Winter kam. Die Ameise zog sich in ihre Wohnung zurück und lebte von dem, was sie sich gesammelt hatte. Die sorglose Grille aber hatte nichts zu nagen und zu beißen. In ihrer Not entsann sie sich der fleißigen Ameise. Sie ging zu ihr, klopfte an und bat bescheiden um ein bisschen Nahrung. „Was hast du im Sommer getan?", fragte die Ameise hintergründig, denn sie liebte die Tüchtigkeit über alles. „Ich habe gesungen", antwortete die Grille wahrheitsgetreu. „Nun gut, dann tanze!", antwortete die Ameise boshaft und verschloss die Tür.
Die Grille begann zu tanzen. Da sie es gut machte, wurde sie beim Ballett engagiert. Sie tanzte nur einen Winter und konnte sich dann ein Haus im Süden kaufen, wo sie das ganze Jahr singen konnte.
Moral: Ein guter Rat ist oft mehr wert als eine Scheibe Brot.

(Georg Born)

8. [Und nun?]

Der Ameisenhügel war fertig. Ganz und gar in Ordnung. Perfekt. — Und nun? fragte eine Ameise eine andere. — Was heißt das, sagte die und rannte weiter.

(Helmut Arntzen)

9. [Ratschläge für Ameisen]

Was Singen und Arbeiten betrifft, so habe ich schon deiner Mutter gute Ratschläge gegeben, sagte die Ameise zur Grille im Oktober. — Ich weiß, zirpte die, aber Ratschläge für Ameisen.

(Helmut Arntzen)

ARBEITSANREGUNGEN:

1. Aus welcher Perspektive begründen Pfeffel, Born und Arntzen jeweils das Verhalten der Grille?
2. Welche Kritik deutet hier Arntzen indirekt an der Lebensweise der Ameise an?

MOTIVVERGLEICH:

10. Und die Grille singt doch

[. . .] Eines Tages ging ich mit meinem Arbeitskollegen und seiner siebenjährigen Tochter spazieren. Auf der Hauptstraße stand ein junger Straßenmusikant, der auf einer alten Gitarre lustige Lieder spielte. Das kleine Mädchen war begeistert. Wir blieben stehen und klatschten Beifall. Mein Kollege jedoch zerrte seine Tochter weg.
„Komm“, herrschte er sie an, „du brauchst hier nicht diesen Faulenzern zuzugucken.“
Seine Tochter wurde traurig. Ich versuchte meinen Kollegen zu besänftigen. Doch er schrie: „Die leben nur auf unsere Kosten! Diese Brüder sollen lieber arbeiten gehen!“
Ich konnte dies nicht mehr ertragen, ließ meinen Kollegen ohne Abschied stehen und ging zu dem Musikanten zurück. Aber dort standen schon zwei Polizisten, die den Musikanten aufforderten, seine Gitarre einzupacken und zu gehen. [. . .]

(Rafik Schami)

An anderer Stelle lässt der Schriftsteller die Grille selbst ihre Geschichte fortsetzen:

[. . .] und die Grille erzählte mir ihre Geschichte: „Damals, als meine Ururgroßmutter den Sommer lang fiedelte und für alle Tiere sang, dachte sie, dass diese sie im Winter beherbergen würden. Sie dachte, sie habe Musik gemacht, und ihre Finger täten ihr genug weh, damit die anderen ein bisschen Freude hätten. So würden auch sie sie nicht im Stich lassen. Sie klopfte an die Türen, aber die Ameisen machten nicht auf und gaben meiner bettelnden Ururgroßmutter nichts zu essen. Überall lag Schnee und der eiskalte Wind trieb die Kälte in alle ihre Glieder. Meine Ururgroßmutter weinte bitterlich, aber die Ameisen verschenkten nichts, sie ließen lieber ihre Vorräte verderben. Die Mäuse und die Hamster waren auch nicht besser. Sie taten so, als hätten sie die Grille nie gekannt.
Traurig setzte sich die Grille unter einen Baum und sang ein Lied über ihr Schicksal. Ein Hirschkäfer tauchte auf. ‚Warum weinst du?‘, fragte er [. . .] ‚Ich kann dir helfen.‘ [. . .] ‚Und was willst du dafür haben?‘, fragte die Grille. ‚Nur meine Unkosten‘, antwortete der Hirschkäfer gütig. Die Grille folgte dem Hirschkäfer und bekam bei ihm ein gutes Essen, eine neue Geige und ein seidenes Kleid. Sie traf drei Flöhe, die der Hirschkäfer auch beherbergte, die er speiste und kleidete.
Am nächsten Morgen schickte der Hirschkäfer seine drei Söhne in den Wald. Die drei hasteten von einem Ameisenhaufen zum anderen und klapperten alle

Mäuselöcher ab. Danach hielten sie inne und riefen immer wieder im Chor: ‚Hört alle her! [. . .] Für ein Weizenkorn und drei Roggenkörner könnt ihr einen lustigen Abend erleben.' [. . .] Die Flöhe tanzten und die Grille fiedelte und die Zuschauer verbrachten eine lustige Zeit bis zum Morgengrauen. Sie erkannten die Grille in dem grünschillernden Kleid nicht wieder und ahnten auch nicht, dass die tanzenden Flöhe dieselben waren, die ihnen den ganzen Sommer über auf dem Feld vorgetanzt hatten.
Abend für Abend tanzten die Flöhe und fiedelte die Grille auf ihrer Geige. Die Höhle wurde immer voller, denn die Neuigkeit von den lustigen Abenden sprach sich unter den Waldbewohnern herum. Selbst als der Hirschkäfer den Eintrittspreis erhöhte, blieb die Höhle bis zum letzten Platz gefüllt. Die Zuschauer zahlten nun drei Weizenkörner, neun Roggenkörner oder eine große Möhre, um dem Schauspiel beiwohnen zu dürfen.
Abend für Abend stritten sich die Zuschauer am Eingang. [. . .] Sie bemerkten nicht, wie schnell ihre Vorräte dahinschwanden, während der Hirschkäfer einen großen Vorrat Korn, Möhren, Samen und Kräuter anhäufte. Eines Morgens erwachte die Grille und hörte an der Tür eine Ameise betteln. Aber der Hirschkäfer wies ihr unbarmherzig die Tür. Die Grille dachte an die Tage, als sie von Tür zu Tür gezogen war, und ärgerte sich über den habgierigen Hirschkäfer. Als sie ihn deswegen tadelte, sagte er: ‚Ach was! Es sind nur die Faulen und Dummen, die hungern. Wer fleißig und klug ist, hungert nie.' [. . .] ‚Gib mir meinen Anteil!', verlangte die Grille. Der Hirschkäfer zählte seine Unkosten auf. ‚Du lügst, ich habe nicht so viel gegessen.' [. . .] Die drei Flöhe hüpften in weiten Sprüngen über die Köpfe der Söhne des Hirschkäfers, die vor der Vorratshöhle Wache hielten. [. . .] ‚Haltet die Diebe!', rief der Hirschkäfer. Aber als seine Söhne die Tür der Vorratskammer öffneten, rollte der Weizenhaufen, den die Flöhe an der Tür aufgehäuft hatten, wie eine Lawine über sie hinweg. Alle Zuhörer aßen sich satt, waren zufrieden und umjubelten die Grille und die schwitzenden Flöhe. Gemeinsam tanzten sie die ganze Nacht."

(Rafik Schami)

ARBEITSANREGUNGEN:

1. Welche gesellschaftskritische Stellung bezieht der Autor mit den verschiedenen Handlungsträgern?
2. Welche sozialkritischen Aspekte der Gegenwart werden hier aufgezeigt?
3. Gestalten Sie zum Thema der Fabel und der Ergänzungstexte eine Text- und Bildcollage.

11. Kulturetat

Sommer war es, als die Ameise bei der Grille erschien, um sie zu bitten, bei der Einweihung des neuen Ameisenhaufens zum Tanze aufzuspielen.
Die Grille aber dachte an den langen Winter und zirpte: „Als ich Hunger litt, weil ich sommers musizierte, hattest du nur Spott und Hohn für mich übrig. Wer aber im Winter kein Brot für Musikanten hat, dem soll doch im Sommer der Geiz zum Tanz den Marsch blasen."

(Wilfried Liebchen)

12. Systemvergleich

„So elend wie den Ameisen ergeht es uns nicht“, summte die Biene. „Die müssen in Nadel- und Sandhöhlen hausen, schwer arbeiten und Läuse melken!“ —
„Wir Bienen hingegen“, so brummte sie wohlstandsbewusst, „leben in Waben, dürfen summen und tanzen und bekommen Zucker für den Honig, den man uns nimmt.“
Als das die Grille hörte, wusste sie erst, wie frei sie doch war.

(Wilfried Liebchen)

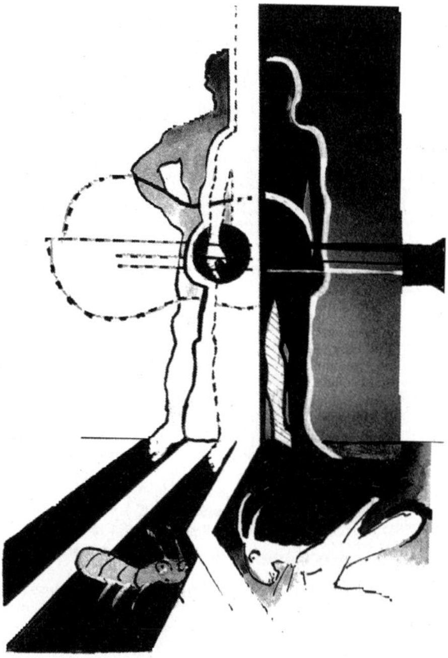

Illustration von Klaus-Jürgen Prohl in: Wilfried Liebchen, Die Fabel heute (1992)

ARBEITSANREGUNG:

Gegen wen richtet der Autor in den Fabeln 11 und 12 wohl seine Kritik?

13. Computerpraxis

„Wer mich heute speichert, wird morgen wissen, was er gestern tat“, piepte der Computer und meinte, er sei das meistgespielte Instrument der Zeit. Vergessen und verstaubt hing über ihm die Zither an der Wand und seufzte: „Meine Klänge, mein Gesang erweckten die Gefühle. Gern hätt' ich sie bewahrt.“
„Gefühle?“, surrte suchend der Computer, „Gefühle? — Keine gefunden!“

(Wilfried Liebchen)

ARBEITSANREGUNG:

Wofür könnten Computer und Zither stehen?

12 Umso tiefer der Fall

Holzschnitt von Gilles Corrozet aus dem 16. Jh.

1. Schildkröte und Adler

Pennatis avibus quondam testudo locuta *est*:
 Si quis eam volucrum constituisset humi,
Protinus e rubris conchas proferret arenis,
 Quis pretium nitido cortice baca daret;
Indignum sibimet, tardo quod sedula gressu
 Nil ageret toto perficeretque die.
Ast ubi promissis aquilam fallacibus implet,
 Experta *est* similem perfida lingua fidem.
Et male mercatis dum quaerit sidera pennis,

---

pennatus, -a, -um (*penna*): geflügelt — **testudo, -inis**: Schildkröte – Ⓚ Ordnen Sie: *Si quis volucrum eam constituisset humi* (Konjunktiv der indirekten Rede) — **volucris, -is**: Vogel — **constituere** h.: wieder hinbringen

3 **protinus** (Adv.): unverzüglich – **concha, -ae**: Muschel — **quis** ~ *quibus* (*conchis*) — **nitidus, -a, -um**: hübsch, glänzend — **cortex, -icis**: Schale — **baca, -ae**: Perle — Ⓚ Ordnen Sie: *quibus baca nitido cortice pretium daret* — **pretium dare** h.: Wert verleihen — **sibimet** ~ *sibi* — **sedulus, -a, -um**: emsig, geschäftig — **gressus, -us** (*in-gredi*): Schritt

6 **nil** ~ *nihil* – Ⓚ Ordnen Sie: *quod sedula tardo gressu nihil ageret perficeretque toto die* — **ast**: dagegen, aber, jedoch — **fallax, -acis** (*fallere*): trügerisch, täuschend — **implere** ~ *complere* — **per-fidus, -a, -um**: wortbrüchig, treulos

9 Ⓚ Ordnen Sie: *et dum quaerit sidera male mercatis pennis* — **mercari**: erkaufen — **sidus, -eris**: Stern, Pl. Himmel — **penna, -ae**: Feder, Flügel

Occidit infelix alitis ungue fero.
Tum quoque sublimis, cum iam moreretur, in auras
Ingemuit votis haec licuisse suis.
Sic, quicumque nova sublatus laude tumescit,
Dat merito poenas, dum meliora cupit.

(Avian 2)

---

unguis, -is: Nagel, Kralle — **ales, -itis**: Vogel — **sublimis, -e**: in der Luft hängend, schwebend

12 **ingemiscere** (*ingemisco, ingemui*): seufzen, beklagen — **tumescere**: anschwellen — **poenas dare**: büßen

Arbeitsanregungen:

1. Die Fabel enthält zahlreiche Hyperbata. Nennen Sie einige. Was wird dadurch besonders betont?
2. Welche Lebenslehre klingt im Epimythion an?
3. Was möchte die Schildkröte? Wie argumentiert sie? Wie wird ihr Tun in der Fabel bewertet?
4. Übertragen Sie die indirekte Rede der Schildkröte in die direkte.
5. Versuchen Sie, ausgehend vom Epimythion, auf Deutsch eine neue Fabel zu erzählen. Überlegen Sie dabei, ob sich dieses Epimythion auch auf Erfahrungen unserer Zeit anwenden lässt.

2. De tortuca et aquila / Contra curiosos

Tortuca, manens in locis humidis et profundis, rogavit aquilam, quod portaret eam in altum. Desideravit enim videre campos, colles et nemora.

Aquila adquievit, tortucam in altum portavit et dixit tortucae: „Vides iam, quae numquam vidisti: montes, valles et nemora."

Dixit tortuca: „Bene video: mallem tamen esse in foramine meo!" Et ait aquila: „Sufficit haec omnia tibi vidisse!"

Dimisit eam cadere et tota confracta est.

Mystice: Aliquis vivit in paupere tecto, desiderat ascendere et super pennas ventorum volare; rogat aquilam (id est diabolum), quod aliquo

---

tortuca, -ae: Schildkröte — **aquila, -ae**: Adler — **humidus, -a, -um**: feucht — **profundus, -a, -um** h.: tief gelegen — Ⓚ **rogare, quod** ... ~ *rogare, ut* ... — **nemus, -oris**: Wald, Hain

3 **adquiescere** h.: einverstanden sein

6 **foramen, -inis**: Loch — **sufficere**: genügen

Ⓚ **dimittere** (mit Inf.) h.: lassen — **confringere** (*frangere / confringo, confregi, confractum*): zerbrechen, h.: zerschmettern

9 **mystice** (Adv.): geheimnisvoll, h.: sinnbildlich — **penna, -ae**: Flügel, Fittich — **diabolus, -i**: Teufel

modo ipsum exaltet. Quandoque per fas et nefas, per falsitates ascendit, et sic diabolus eum portat.

Quandocumque intelligit statum suum periculosum et mallet esse in paupere tecto. Tum diabolus in mortem facit eum cadere, in puteum gehennae, ubi totus confringitur.

Sic est, qui stultus scandit pernicibus alis;
incidit a scalis in loca plena malis.

(Odo von Cherington, f. 5)

---

exaltare: erhöhen — **quandoque** (Adv.): manchmal — **falsitas, -atis** (*falsus*): Falschheit
12 **quandocumque** (Adv.): irgendeinmal – **status, -us**: Stellung, Lage — **puteus, -i**: Grube
15 **gehenna, -ae**: Hölle — **scandere**: steigen — **pernix, -icis**: flink – **scalae, -arum**: Stiege

ARBEITSANREGUNGEN:

1. Wie ist die mittelalterliche Fabel gegliedert?
2. Was fällt an Odos Stil auf?
   Welche Stilmittel sind besonders hervorzuheben?
3. Wie wird die Schildkröte verstanden?
4. Vergleichen Sie die mittelalterliche Deutung mit Avians Epimythion.

3. De testudine ab aquila in altum sublata

Testudo aegre ferens se in locis humidis et convallibus assidue commorari aquilam rogavit, quam audierat ita alte volare, ut maximos terrarum tractus posset longe et late despicere, ut se in altum tolleret, una ipsa quoque montes et valles et campos et aequor eodem temporis momento posset intueri. Quod cum aquila prompte fecisset, eam ex alto demisit, unde cadens humi illisa et confracta est.

Fabula monet, ne quis se altius extollere velit, quam eius conditio aut natura patiatur. (Laurentius Abstemius, f. VIII)

---

testudo, -inis: Schildkröte — **aquila, -ae**: Adler — **tollere** (*tollo, sustuli, sublatum*): emportragen — **humidus, -a, -um**: feucht — **convallis, -is**: Talkessel — **assiduus, -a, -um**: fortwährend — **commorari** ~ *morari* — **audierat** ~ *audiverat*
3 **tractus, -us** (*trahere*) h.: Weite — **momentum, -i**: Augenblick — **promptus, -a, -um**: bereitwillig — **demittere** h.: fallen lassen
6 **illidere** (*laedere*): gegen etwas schlagen — **confringere** (*frangere*) h.: zerschmettern

ARBEITSANREGUNGEN:

1. Vergleichen Sie jeweils den ersten Teil der Fabeln von Odo und Abstemius. Welche Gemeinsamkeiten fallen auf? Auf welche Erzählmomente wird jeweils besonderer Wert gelegt?
2. Worauf macht Abstemius in seinem Epimythion aufmerksam? Versuchen Sie seine Lehre mit einem Sprichwort wiederzugeben.

Batik von Edda Reinl (1976)

Die Botschaft der Fabel erinnert an berühmte mythologische Figuren der Antike wie z. B. an Ikarus, der trotz Verbotes seines Vaters Dädalus sich allzu hoch in die Luft wagte, so dass die vom Vater konstruierten und mit Wachs verbundenen Flügel unter den Sonnenstrahlen schmolzen. Auch Bellerophon ist angesprochen: Er wollte auf seinem Pferd Pegasus in den Olymp eindringen und wurde dafür von Zeus auf die Erde zurückgeschleudert.

Emblem aus dem 16. Jh.:

4. Ne nimis alta petas!

Holzschnitt von
Tobias Stimmer
aus dem 16. Jh.

Quem non livor edax potuit, nec saeva noverca,
  Nec Monstrum triplex vincere, vicit honor.
Bellerophonta vides deiectum culmine coeli,
  Quod fuit alato scandere nisus equo.
Sic te, si magnus fueris et honoribus amplis
  Inclytus, admoneo, ne nimis alta petas,
Ne, si forte cadas, lapsus graviore ruina
  Evertas, quicquid feceris ante boni.

---

livor, -oris: Neid — **edax, -acis** (*edere*): gefräßig — **noverca, -ae**: Stiefmutter (Frau des Königs Proetus von Argos, die Bellerophon verführen wollte) — **Monstrum triplex**: dreiköpfiges Ungeheuer (Untier namens Chimäre; wurde von Bellerophon mit Hilfe des Flügelrosses Pegasus erschlagen)

3 Ⓡ **Bellerophonta**: Akk., aus dem Griechischen übernommen — **culmen, -inis**: Gipfel, Scheitel — **culmen coeli**: Himmelsgewölbe, Himmel — **niti** (*nitor, nisus sum*) h.: trachten nach — **nisus fuit** ~ *nisus est* – **alatus, -a, -um** (*ala*): geflügelt — Ⓡ Ordnen Sie: ... *quod alato equo scandere nisus fuit*

6 **inclytus, -a, -um** (*inclitus*): berühmt — **labi** (*labor, lapsus sum*): fallen — **ruina, -ae**: Fall

MOTIVÄHNLICHES:

5. Der junge und der alte Fuchs

Ein junger Fuchs sah immer wieder die Vögel in der Höhe hin und her fliegen, so geschwind wie der Wind selber.
„Vater“, sagte er eines Tages darum zu dem alten Fuchs, „Vater, ich will fliegen.“ — „Du junger Phantast“, entgegnete der Alte, „was sticht dich für ein Vorwitz?“ — „Vater, ich will fliegen“, wiederholte der kleine Narr.
„Du unbesonnenes Fletschmaul“, sagte der Alte, „du hast noch kaum so viel Haar an deinem Schweif, dass du ein Abc-Taferl damit abstauben könntest, aber du willst fliegen! Wo willst du denn die Flügel hernehmen?“ — „Vater, ich will fliegen“, sagte der Junge, „und um die Flügel lass dir nur kein graues Haar wachsen. Du bist ohnehin schon weiß.“
Also verfertigte sich der junge Kehrwisch ein paar Flügel aus den Hühnerfedern, von denen genug da herumlagen, stieg damit auf einen Turm und schwang sich zum Fenster hinaus. Er hatte aber kein Glück mit dem Fliegen und außerdem hielt gerade unter dem Fenster ein Rechenmacher seine spitze Ware feil. Auf die ist unser Flieger denn auch mit solcher Gewalt gefallen, dass ihm das Blut von allen Seiten herabrann.
„Nun, Bürscherl“, fragte ihn der Alte, „wie kommt dich das Fliegen an?“ — „Das Fliegen“, antwortete das Füchslein, „dünkte mich ganz sanft, Herr Vater. Aber das Niedersitzen, das hat der Teufel gesehen.“ — „Geschieht dir ganz recht“, sagte der Vater, „warum musst du auch den Rat der Alten verachten? So verständig wie deinesgleichen sind sie noch alle Male.“

(nach Abraham a Sancta Clara)

ARBEITSANREGUNG:

Welche Lehre verbindet der Prediger mit dieser Fabel? Wodurch wirkt diese Lehre besonders eindringlich?

6. Die Schildkröte und die beiden Enten

Eine Schildkröte, sie hatte Schrullen für zehn,
verließ ihren Sumpf, um andere Länder zu sehn.
Gern schätzt man fremde Erde hoch
und hinkende Leute hassen meist ihr Loch.
Zwei Enten, denen die gute Base
den schönen Plan rieb unter die Nase,
wollten ihr gern gefällig sein:
Seht Ihr die breite Straße da?
Wir führen Euch durch die Luft nach Amerika.
Dort gibt's nicht nur Republiken allein,
auch Königreiche, dazu mancherlei Volk zu bestaunen,
mancherlei Sitten, Bräuche und Launen.
Macht's wie Ulyss'! Wer hätte hier wohl erwartet,
dass die Schildkröte im Namen Ulyssens startet?

Sie hörte sich den Vorschlag an. Der Handel war gemacht.
Die Vögel bildeten eine Maschine und nahmen als Fracht
die Pilgerin auf; sie hing, nicht faul,
an einem Querstock mit dem Maul.
Beißt Euch fest, riefen sie, und lasst nicht los!
Dann nahm jede Ente ein Ende des Stocks in den Schnabel.
Die Schildkröte schwebte. Man verwunderte sich groß,
fliegen zu sehn auf solch fabel-
hafte Art das langsame Tier und sein Haus
zwischen zwei Vögeln mit Sturmgebraus.
Ein Wunder, schrien die Leute, kommt und seht,
wie die Schildkrötenkönigin durch die Wolken geht!
— Die Königin! Wahrhaftig, ja, ich bin's, seht an!
Und spottet nicht! Sie hätte besser getan,
zu schweigen und in den Stock zu beißen,
statt das Mäulchen aufzureißen.
Sie fällt und stirbt zu Füßen
der Betrachter. Vorwitz muß büßen.
Dumm, schwatzhaft, neugierig, närrisch, eitel
gleichen sich vom Zeh zum Scheitel;
sie sind miteinander eng verwandt;
Kinder aus einem Stamm entsandt. (Jean de La Fontaine)

ARBEITSANREGUNGEN:

1. Welche Laster werden der Schildkröte von La Fontaine angekreidet? Vergleichen Sie damit Avians Kritikpunkte.
2. An wen könnte La Fontaines Kritik gerichtet sein?
3. Bei Avian und Odo wurde die Schildkröte von einem Adler in die Luft getragen, bei La Fontaine von zwei Enten. Was ändert sich dadurch?
4. Wie sehen Sie La Fontaines Erzählstil? G. E. Lessing kritisiert den französischen Fabeldichter nämlich scharf, dass er die Fabel zu „einem anmuthigen Spielwerke“ mache und über dem Erzählen die eigentliche Fabelbotschaft verwässere.

7. The Lion who wanted to zoom

There was once a lion who coveted an eagle's wings. So he sent a message to the eagle asking him to call, and when the eagle came to the lion's den the lion said, 'I will trade you my mane for your wings.' 'Keep talking, brother,' said the eagle. 'Without my wings I could no longer fly.'
'So what?' said the lion. 'I can't fly now, but that doesn't keep me from being king of beasts. I became king of beasts on account of my magnificent mane.'
'All right,' said the eagle, 'but give me your mane first.'
'Just approach a little nearer,' said the lion, 'so that I can hand it to you.'
The eagle came closer and the lion clapped a huge paw on him, pinning him to the ground. 'Come across with those wings!' he snarled. So the lion took the eagle's wings but kept his own mane. The eagle was very despondent for a while and then he had an idea.

'I bet you can't fly off the top of that great rock yonder,' said the eagle. 'Who, me?' said the lion, and he walked to the top of the rock and took off. His weight was too great for the eagle's wings to support, and besides he did not know how to fly, never having tried it before. So he crashed at the foot of the rock and burst into flames . . .

(James Thurber)

Der Löwe, der fliegen wollte

Es war einmal ein Löwe, der beneidete einen Adler um seine Flügel. Er ließ den Adler zu sich bitten, und als der Adler in der Löwenhöhle erschien, sagte der Löwe:
„Gib mir deine Flügel und ich will dir dafür meine Mähne geben."
„Wo denkst du hin, Bruder", erwiderte der Adler. „Ohne Flügel kann ich ja nicht mehr fliegen."
„Na, wenn schon", meinte der Löwe. „Ich kann auch nicht fliegen und trotzdem bin ich der König der Tiere. Und warum bin ich der König der Tiere? Weil ich eine so prachtvolle Mähne habe."
„Gut", sagte der Adler, „einverstanden. Aber zuerst gib mir die Mähne."
„Komm her und nimm sie mir ab", forderte der Löwe ihn auf.
Der Adler ging näher heran und der Löwe drückte ihn blitzschnell mit seiner großen Pranke zu Boden. „Her mit den Flügeln", knurrte er.
So raubte der Löwe dem Adler die Flügel, behielt jedoch seine Mähne. Der Adler war recht verzweifelt, bis er schließlich auf eine List verfiel.
„Ich wette, dass du nicht von dem großen Felsen da drüben herunterfliegen kannst", sagte er.
„Wer?", fragte der Löwe. „Ich?" Und schon trottete er zur Spitze des Felsens hinauf und sprang ab. Er war natürlich viel zu schwer, als dass die Adlerflügel ihn hätten tragen können, und überdies wusste er nicht, wie man fliegt, da er es nie zuvor versucht hatte. Die Folge war, dass er am Fuße des Felsens aufschlug und sofort in Flammen stand . . .

(Übersetzung)

Zeichnung von James Thurber

ARBEITSANREGUNGEN:

1. Warum setzt Thurber wohl einen Löwen an die Stelle von Avians Schildkröte? Wie charakterisiert er den Adler und den Löwen?
2. Wie stellt Thurber den Löwen und den Adler in der Zeichnung dar?

13 Es kann der Beste nicht in Frieden leben,

wenn es dem bösen Nachbarn nicht gefällt

1. Fuchs und Lerche

Avis, quam dicunt terraneolam rustici,
in terra nidum quia componit scilicet,
forte occucurrit improbae vulpeculae,
qua visa pennis altius se sustulit.
„Salve“, inquit illa, „cur me fugisti, obsecro?

---

terraneola, -ae (*terraneus*): Schopflerche — **nidus, -i**: Nest — **scilicet** (Adv.): offenbar, nämlich — Ⓚ Ordnen Sie: *quia in terra nidum componit*

3 **occucurrit** ~ *occurrit* — **vulpecula, -ae** (*vulpes*): kleiner Fuchs — Ⓚ *qua visa* (Abl. mit Part. in relativer Satzverschränkung) — **penna, -ae**: Flügel — **tollere** (*tollo, sustuli, sublatum*): emporheben

Satzanalyse 1—4:

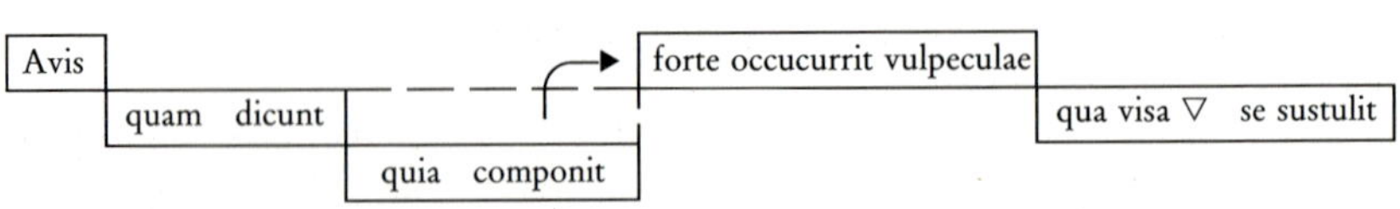

obsecrare: anflehen, bitten

Quasi non abunde sit mih*i* in prato cibus,
grilli, scarabaei, locustarum copia;
nihil est, quod metuas: ego te multum diligo
propter quietos mores et vitam probam."
Respondit contra: „Tu quidem bene praedicas;
in campo non sum, sed par sub divo tibi.
Quin sequere: salutem tibi non committo meam."

(Appendix Perottina 32)

---

6 **abunde** (Adv.): im Überfluss — **grillus, -i**: Grille — **scarabaeus, -i**: Käfer — **locusta, -ae**: Heuschrecke
9 **sub divo**: unter freiem Himmel
12 **quin**: ja wohlan

Arbeitsanregungen:

1. Wie werden die beiden Kontrahenten in dieser Fabel vorgestellt? Nennen Sie verschiedene Charakterisierungsmittel.
2. Erarbeiten Sie die Figurengestaltung in einem Rollenspiel.
3. Suchen Sie Leitwörter, die den Gang der Handlung bestimmen.

2. Friedensangebot

Esuriens quondam vulpes ad gallum accessit, ut gallinas deciperet; illae enim gallo duce arborem altiorem, quo ei aditus non erat, ascenderant. Quem comiter cum salutavisset, „Quid in alto agis", inquit, „num nondum audivisti haec nova tam salutaria nobis?"
Gallus respondit: „Nequaquam, at nuntia!" „Huc accessi", inquit vulpes, „ut communicarem tecum gaudium. Animalium omnium consilium celebratum est, in quo pacem perpetuam inter se firmaverunt, ita ut omni sublato timore nulli iam ab altero aut insidiae aut iniuriae fieri possint, sed omnes pace et concordia fruantur. Licet unicuique vel soli, quo velit, ire secure. Descendite igitur, et communiter agamus hunc festum diem!"
Perspecta vulpis fallacia gallus: „Bonum", inquit, „affers nuntium et mihi gratum", et simul collum altius protendit prospicientique longius et admirato similis in pedes se erexit. Tum vulpes: „Quid aspicis?" et

---

esurire: Hunger haben — **vulpes, -is**: Fuchs — **gallus, -i**: Hahn — **gallina, -ae**: Henne — **decipere**: täuschen
3 **comiter** (Adv.): freundlich — **salutaris, -e** (*salus*): heilsam, nützlich – **nequaquam** (Adv.): keineswegs
6 **communicare** h.: teilen — **celebrare**: verbreiten, bekannt machen
12 **fallacia, -ae** (*fallere*): List, Täuschung, Verstellung — **se erigere**: sich aufrichten

gallus: „Duos“, inquit, „magno cursu et ore patulo advenientes canes.“ Tum tremebunda vulpes: „Valete“, inquit, „mihi fugiendum est, antequam illi advenerint“, et simul coepit abire. Hic gallus: „Quo fugis aut quid times, quoniam pace constituta nihil est timendum?“ „Dubito“, inquit vulpes, „an canes isti audiverint decretum pacis.“ Hoc modo dolo illusus est dolus.

(Poggio Bracciolini, f. 79)

---

15 **patulus, -a, -um** (*patere*): offen stehend – **tremebundus, -a, -um**: zitternd
18 **decretum, -i** (*decernere*): Beschluss — **illudere** (*illudo, illusi, illusum*): verspotten

Arbeitsanregungen:

1. Vergleichen Sie Poggios Darstellung der Kontrahenten mit jener aus der Phaedrussammlung.
2. Durch welche Stilmittel erreicht Poggio eine besonders lebendige Schilderung der Situation?

Zeichnung von Rolf Münzner

3. Der leichtgläubige Hahn

Tempore hiemali, nocte quadam perfrigida, exiit vulpes quidam famelicus, ut sibi cibum colligeret, et, veniente ipso ad praedium quoddam, audivit gallum in lentisco canentem. Et festinans vulpes ad arborem inquisivit a gallo: „Galle, quid cantas in hac tenebrosa et frigida nocte?“ Respondit gallus: „Adnuntio diem, quem ex natura nosco statim venturum, quem omnibus meo cantu insinuo.“ Ait vulpes: „Ex hoc cognosco te aliquid vaticinii et praesagii divini habere.“ Audiens haec gallus laetatus est et

---

2 **vulpes, -is**: Fuchs — **famelicus, -a, -um**: hungrig – Ⓚ **veniente ipso** ~ *veniens ipse* — **praedium, -i**: Grundstück, Garten
5 **gallus, -i**: Hahn — **lentiscus, -i**: Mastixbaum (Strauchart, aus der Harz gewonnen wird) — **inquirere** ~ *quaerere* — **tenebrosus, -a, -um**: finster
12 **insinuare**: mitteilen — **vaticinium, -i**: Weissagung — **praesagium, -i**: Prophezeiung

iterum incepit cantare. Et tunc vulpes incepit corisare et saltare sub
arbore, et sic inquisita causa a gallo, quare vulpes saltaret, respondit:
18 „Quia video te sapientem philosophum cantare, merito et ego corisare
debeo, quia cum gaudentibus gaudere debemus.“ Et dixit: „O galle,
princeps omnium avium, non solum dotatus es, ut in aere, sed etiam
21 in terra more prophetarum tua vaticinia omnibus creaturis terrenis
nunties. O felicissime, quia prae omnibus te natura ornavit, descende,
ut tecum possim contrahere societatem; sed, si illi integre favere non
23 velis, sine tamen me osculari diadema et coronam tui insignis capitis,
ut possim dicere: Osculatus sum caput sapientissimi galli, qui fert coronam inter omnes aves.“

26 Et audiens haec gallus descendit, confidens blanditiis vulpis, et inclinavit caput vulpi, quod arripiens vulpes gallum comedit, suamque famem refecit. Et dixit: „Ecce inveni sapientem absque omni prudentia.“

(Johannes von Capua, cap. 4)

---

16 **incepit** ~ *coepit* — **corisare**: tanzen
saltare: tanzen, springen — Ⓚ **et ego** ~ *etiam ego*
20 **dotatus, -a, -um**: reich ausgestattet – **creatura terrena**: Landtier
23 **societatem contrahere**: Freundschaft schließen — **osculari**: küssen — **diadema, -atis**: Krone, Diadem — **insignis, -e**: hervorragend
27 **blanditiae, -arum**: Schmeichelworte — **inclinare**: beugen — **comedere** (*edere*): fressen
29 **absque** (Präp. mit Abl.): frei von, ohne

Arbeitsanregungen:

1. Vergleichen Sie jeweils die Einleitung zu den angeführten Fabeln: Inwiefern deutet sich schon hier der Ausgang des Treffens an?
2. Zeigen Sie Unterschiede in der Erzählweise der Texte auf.
3. Welche Werte werden in Text 3 besonders herausgestrichen?
4. Erzählen Sie die Begebenheit aus der Sicht eines dritten Tieres auf Latein nach.

Holzstich von Gustave Doré (1832—1883); bekannter französischer Graphiker und Zeichner, fertigte Illustrationen zu Werken berühmter Dichter an.

4. Bewaffneter Friede

Ganz unverhofft, an einem Hügel,
Sind sich begegnet Fuchs und Igel.
„Halt“, rief der Fuchs, „du Bösewicht!
Kennst du des Königs Ordre nicht?
Ist nicht der Friede längst verkündigt,
Und weißt du nicht, dass jeder sündigt,
Der immer noch gerüstet geht? —
Im Namen Seiner Majestät,
Geh her und übergib dein Fell!“
Der Igel sprach: „Nur nicht so schnell!
Lass dir erst deine Zähne brechen,
Dann wollen wir uns weitersprechen.“
Und alsogleich macht er sich rund,
Schließt seinen dichten Stachelbund
und trotzt getrost der ganzen Welt,
Bewaffnet, doch als Friedensheld.
(Wilhelm Busch)

Selbstporträt von Wilhelm Busch

ARBEITSANREGUNG:

Welchen zusätzlichen Themenaspekt kann Wilhelm Busch einbringen, indem er den Hahn durch den Igel ersetzt?

5. Der Fuchs in der Höhle

Es saß ein Fuchs im Walde tief.
Da schrieb ihm der Bauer einen Brief:
So und so, und er sollte nur kommen,
’s wär’ alles verziehn, was übel genommen.
Der Hahn, die Hühner und Gänse ließen
Ihn alle zusammen auch vielmals grüßen.
Und wann ihn denn erwarten sollte
Sein guter, treuer Krischan Bolte.
Drauf schrieb der Fuchs mit Gänseblut:
Kann nicht gut.
Meine Alte mal wieder
Gekommen nieder!
Im Übrigen von ganzer Seele
Dein Fuchs in der Höhle.
(Wilhelm Busch)

„Ein Fuchs lässt sich nicht so leicht
in die Falle locken.“
Zeichnung von Wilhelm Busch

ARBEITSANREGUNG:

Wie sieht die Definition des „Friedens“ bei W. Busch aus? Scheint es Ihnen einleuchtend, dass sich der Fuchs plötzlich in der Rolle des Gejagten findet?

MOTIVGLEICHES IN FABELN DES 20. JH.S:

6. Politik

Eine Gans war über Nacht über dem Eis festgefroren. Das sah der Fuchs, und er schlich, sich die Schnauze leckend, hinüber. Dicht vor ihr jedoch brach er ein, und es blieb ihm nichts weiter übrig, als sich schwimmend über Wasser zu halten. „Weißt du was“, schnaufte er schließlich, „begraben wir unsere Feindschaft, vertragen wir uns.“ Die Gans zuckte die Schultern. „Kommt darauf an.“ „Ja, aber worauf denn!“ keuchte der Fuchs. „Ob's taut oder friert“, sagte die Gans.

(Wolfdietrich Schnurre)

7. Der starke Freund schreckt den Feind

Wollen wir fortan nicht in Frieden miteinander leben, meinte der Wolf zum Reh. Du weißt also, sagte das Reh, dass der Bär mein Freund ist.

(Gerhard Branstner, Fabel 17)

ARBEITSANREGUNG:

Auf welche Aspekte wird in den Fabeln des 20. Jh.s im Besonderen hingewiesen? Unterscheiden sich diese Aspekte von der Beschreibung der Friedensverhandlungen in früheren Fabeln?

Fritz Eichenberg, Abrüstungskonferenz, 1979 (deutsch-amerikanischer Künstler, der in den siebziger Jahren des 20. Jh.s verschiedenste Fabelmotive illustrierte)

„Es ist nur verständlich, dass die Wölfe die Abrüstung der Schafe verlangen, denn deren Wolle setzt dem Biss einen gewissen Widerstand entgegen.“
(Gilbert Keith Chesterton, englischer Schriftsteller, 1875—1936)

Gerade in modernen Fabeln findet sich auch Gedankengut aus der immer stärker werdenden Friedensbewegung. Die beiden folgenden Stellungnahmen zweier Wissenschaftler unserer Zeit geben grundlegende Überlegungen wieder:

8. „Wenn die Welt ihren Friedenswunsch ernst nimmt, muss sie sich mit dem Verzeihen auseinander setzen. Verzeihung ermöglicht Integration, beendet Spaltung."

(Willi Butollo, geb. 1944, Psychologe)

Friedenstaube?
Karikatur von Ironimus (1967)

9. „Nicht die Erlösung und auch nicht die Bekehrung zu friedfertiger Gesinnung schafft Frieden unter den Menschen, sondern einzig die Vereinbarung. Ihr Ergebnis wird daher auch niemals jener absolute und ewige Friede in harmonischer Einheit sein, den die Religion uns unter dem Bilde des Reiches Gottes vorstellt. Es wird wohl immer nur ein prekärer, ein gefährdeter Zustand sein können, seine Bewahrung, Korrektur oder Verbesserung, seine Befestigung braucht die ganze stetige gespannte Aufmerksamkeit der beteiligten Parteien. Mit einem Wort, der Friede braucht Politik. ‚Peacemaking is hard and demanding work', wie der Bischof von London bei der jüngsten anglikanischen Generalsynode gesagt hat. Der menschliche Friede beruht auf Vereinbarung und ohne Vereinbarung ist kein Friede. Und auch keine Abrüstung, auch keine Rüstungskontrolle. Daher kann einseitige Abrüstung, wie immer sie begründet werden mag, gleichgültig auch, ob sie ausdrücklich als solche gefordert wird (wie im Fall der Labour-Partei) oder ob man aus Verblendung oder aus ethischer Schwärmerei auf diesem Weg hintaumelt, niemals den Frieden sicherer, sie kann ihn nur unsicherer machen."

(Dolf Sternberger, geb. 1907, Politikwissenschaftler)

Arbeitsanregung:

Ordnen Sie die Kerngedanken dieser Aussagen einzelnen Fabeln zu.

14 Alles hat seinen Preis

1. Hund und Wolf

Quam dulcis sit libertas, breviter proloquar.
Cani perpasto macie confectus lupus
fort*e* occucurrit. Dein salutat*i* invicem
ut restiterunt: „Unde sic, quaeso, nites?
Aut quo cibo fecisti tantum corporis?
Ego, qui sum longe fortior, pereo fame."
Canis simpliciter: „Eadem *e*st condicio tibi,
praestare domino si par officium potes."
„Quod?" inquit ille. „Custos ut sis liminis,
a furibus tuearis et noctu domum."
„Ego vero sum paratus: nunc patior nives
imbresqu*e* in silvis asperam vitam trahens:
Quanto *e*st facilius mihi sub tecto vivere,
et otiosum largo satiari cibo?"
„Ven*i* ergo mecum." Dum procedunt, aspicit
lupus a catena collum detritum cani.

---

proloqui ~ *loqui* — **perpastus, -a, -um**: wohlgenährt — **macies, -ei**: Magerkeit — **confectus, -a, -um**: erschöpft, verzehrt, aufgerieben

3 **occucurrit** ~ *occurrit* — **resistere**: stehen bleiben — **nitere**: fett, wohlgenährt sein

9 **fur, -is**: Dieb

12 **satiari** (*satis*): sich satt essen

15 **detritus, -a, -um** (*terere*): abgerieben

„Unde hoc, amice?“ „Nihil est.“ „Dic quaeso tamen.“
„Quia videor acer, alligant me interdiu,
luce ut quiescam et vigilem, nox cum venerit:
crepusculo solutus, qua visum est, vagor.
Affertur ultro panis; de mensa sua
dat ossa dominus; frusta iactat familia
et, quod fastidit quisque, pulmentarium.
Sic sine labore venter impletur meus.“
„Age si, quo abire est animus, est licentia?“
„Non plane est“ inquit. „Fruere, quae laudas, canis:
regnare nolo, liber ut non sim mihi.“

(Phaedrus III 7)

---

18 **alligare**: anketten — **crepusculum, -i**: Dämmerung
21 **frustum, i**: Bissen — **fastidire**: verschmähen — **pulmentarium, -i**: Zukost
24 **licentia, -ae** (*licet*): Freiheit
27 **regnare** h.: den Herrn spielen

Arbeitsanregungen:

1. Versuchen Sie die Struktur der Fabel nachzuvollziehen und beachten Sie dabei besonders die unmittelbar auf die Handlungsträger bezogenen Begriffe.
2. Hund und Wolf stehen sich in diesem Dialog gegenüber. Ist dieser Gegensatz auch formal verdeutlicht? Gestalten Sie ein lateinisches Hörspiel, indem Sie die erzählenden Passagen in das Gespräch mit einbauen.
3. Was verbindet der Dichter mit dem Begriff *libertas*?
4. Versuchen Sie das in dieser Fabel dargestellte Problem umzusetzen: in den Entwurf für ein Plakat, ein Plattencover oder einen Bucheinband mit treffendem Titel.

„Hund und Wolf“
von Jean Ignace Isidore Gérard, genannt Grandville (1803—1847).
Welche Deutung der beiden Tiere lässt sich aus dieser Darstellung ersehen?

Auch Gustave Doré illustrierte dieses Fabelmotiv. Was will er damit wohl zum Ausdruck bringen? Vergleichen Sie seine Lösung mit der von Grandville.

Motivähnliches in Fabeln des 20. Jh.s:

2. Le chien pelé

Un chien pelé, boiteux, que personne n'aimait,
Sauva un jour une petite fille
Qui se noyait.
Il fut fêté par la famille.
Tout un jour, caressé, il vécut en héros.
On lui donna du sucre, on lui donna des os . . .
La petite exigea que le soir, à l'étage,
Il dormît au pied de son lit.
L'enfant était choyée. On dit: „Et s'il salit?
Un chien galeux sur un tapis, ce n'est pas sage . . ."
Mais elle était au bord des larmes,
On accepta le chien;
En se promettant bien
Qu'on le renverrait, passée cette alarme.

— — —

Au réveil, la petite dit: „Il a ronflé.
Je ne veux plus du sale chien, il sent la crotte!"
Le chien fut promptement chassé. . . .

(Jean Anouilh)

Zeichnung von Rolf Münzner

Der räudige Hund

Ein räudiger und lahmer Hund, den keiner mochte, / errettete einmal ein kleines Mädchen / vom Ertrinken. / Von der Familie wurde er gefeiert. / Er lebte, viel gestreichelt, einen ganzen Tag als Held. / Man gab ihm Zucker, gab ihm Knochen . . . / Das Kind verlangte, dass er nachts im ersten Stock / zu Füßen

seines Bettes schlafen solle. / Die Kleine war verwöhnt. Man sagte sich: „Und wenn er Schmutz macht? / Ein Hund, und räudig, und auf einem Teppich — geht das gut ...?“ / Doch war sie schon den Tränen nahe. / So akzeptierte man den Hund / und war entschlossen / ihn wegzuschicken, wenn der Schreck vorbei sein würde.
Beim Aufstehn sprach das Kind: „Er hat geschnarcht. / Ich mag den widerlichen Hund nicht mehr, er stinkt nach Kot!“ / Prompt wurde er hinausgejagt.

(Übersetzung)

(Fortsetzung der Fabel):
Er trollte sich mit eingeklemmtem Schwanz / und schnupperte den Wohlgeruch des Straßenpflasters. / So gegen Mittag fragte er, was es zu essen gäbe, / nur auf Verdacht, mit Unschuldsmiene. / Die Küche war gerade frisch gescheuert: / mit einem Fußtritt jagte ihn die Köchin fort.

(Kurze Zeit später):
Die Arbeiter verließen die Fabrik / und demonstrierten vor dem Haus des Direktors. / Sie trugen Transparente, stießen Rufe aus. / „Wir wollen keine Hungerlöhne mehr!“ / „Wir haben lange genug umsonst geschuftet!“ / „Wir Menschen sind doch keine Hunde!“ / Ein Mann hob einen Stein auf und es sah so aus, als wolle er ihn in das Kinderzimmer werfen. / Der Hund sprang zu und biss aus Leibeskräften. / Man hielt ihn für den Hund des Hauses / und trotz des traurig kahlen Fells / für einen schrecklichen Kapitalisten. / Da sie der Direktion nicht habhaft werden konnten, / besorgten es die Arbeiter voll Ingrimm / dem Hund mit Knüppelschlägen.
Da lag er, rang diskret und schweigend mit dem Tode, / die Zunge hing heraus, die Glieder konnte er nicht regen, / und dachte bis zum Abend, dass das kleine Mädchen / doch wirklich lieb gewesen war, / ihn auf sein Zimmer mitzunehmen ... / Die Köchin brachte ihm zur Stärkung / nichts als ein wenig Wasser. / Er meinte, eigentlich sei das doch nett, denn schließlich / sei sie ihm ja nichts schuldig.

Die Menschen, nein, sind keine Hunde. / Doch Hunde sind auch keine Menschen.

(Übersetzung)

Arbeitsanregungen:

1. Wie deutet Anouilh das „Hundeleben“?
2. Lässt sich seine Vorstellung mit der von Phaedrus vergleichen? Was wird jeweils als falsch verstandene „Freiheit“ ausgelegt?
3. Was meint Anouilh wohl mit dem Schlusssatz?

3. Schmerzliche Auslegung

„Ich sehe es dir an“, sagte die Katze zum Kanarienvogel, der schmatzend im Käfig beim Körnermahl saß, „du bist zuinnerst verzweifelt über dein Los.“ „Herrje!“, sagte der Kanarienvogel erstaunt, „und ich habe mich stets für zufrieden gehalten.“ „Ein Irrtum“, sagte die Katze, „nur die Freiheit macht innerlich froh.“ „Und eben die fehlt mir!“, rief der Kanarienvogel bestürzt. „Daran

Illustration zu einem Emblem aus dem 16. Jh.

siehst du", sagte die Katze, „wie Recht ich habe, dass ich mir Sorgen mache um dich." Der Kanarienvogel senkte betäubt seinen Kopf. „Aber was kann man da tun?" „Nichts einfacher", sagte die Katze und hatte auch schon die Käfigtüre geöffnet: „Komm raus." „Aber mein regelmäßiges Futter! Der Kalkstein! Mein Bad!" „— wiegt dir die Freiheit tausendfach auf." „Also schön", seufzte der Kanarienvogel und hüpfte hinaus. Da schlug ihm die Katze die Krallen ins Fleisch. „Hilfe!", zeterte er, „was hat denn das mit der Freiheit zu tun?!" „Dummkopf", sagte die Katze, „darin besteht sie doch gerade."

(Wolfdietrich Schnurre)

ARBEITSANREGUNG:

Welche Argumente für und gegen „Freiheit" werden in der Fabel angesprochen? Beziehen Sie in Ihre Überlegungen auch die Textüberschrift mit ein.

4. Von den zwei Arten, mit seiner Freiheit fertig zu werden

„Ich kann dieses Unmaß an Weite um mich herum nicht mehr ertragen", stöhnte der Strauß und steckte den Kopf in den Sand. „Wem sagst du das", seufzte das Zebra und blickte liebevoll an seiner Sträflingskleidung herab.

(Wolfdietrich Schnurre)

Zeichnung von Brigitte Laude (1992)

ARBEITSANREGUNG:

Welches Freiheitsverständnis klingt in dieser Fabel an? Wie ist das „Unmaß an Weite" wohl zu verstehen? Warum blickt das Zebra „liebevoll" an seinem gestreiften Fell herab?

15 Gewalt geht vor Recht

Zeichnung von Joseph Hegenbarth

1. Wolf und Lamm

Ad riv*um* eundem lupus et agnus venerant
siti compulsi; superior stabat lupus
longequ*e* inferior agnus. Tunc fauc*e* improba
latr*o* incitatus iurgii caus*am* intulit:
„Cur“ inquit „turbulentam fecisti mihi
aquam bibenti?“ Laniger contra timens:
„Qui possum, quaeso, facere, quod quereris, lupe?
A te decurrit ad meos haustus liquor.“
Repulsus ille veritatis viribus:
„Ant*e* hos sex menses mal*e*“ ait „dixisti mihi.“
Respondit agnus: „Equidem natus non eram.“
„Pater hercle tuus“ ill*e* inquit „male dixit mihi.“
Atqu*e* ita correptum lacerat iniusta nece.
Haec propter illos scripta *e*st homines fabula,
qui fictis causis innocentes opprimunt.

(Phaedrus I 1)

---

rivus, -i: Bach — **agnus, -i**: Lamm — **compellere** ~ *pellere* (*pello, pepuli, pulsum*)
3 **faux, -cis**: Mund, Maul — **iurgium, -i**: Streit, Zank — **turbulentus, -a, -um** (*turbare*): unruhig
6 **laniger, -i** (*lana / gerere*): Wolle tragendes Tier, Schaf — **qui** (Adv.): wie, warum — **decurrere** h.: herabfließen — **haustus, -us** (*haurire*): das geschöpfte Wasser, h.: Trinkstelle — **liquor, -oris**: Flüssigkeit, h.: Wasser
9 **repellere** (*repello, reppuli, repulsum*): zurückweisen
12 **hercle** Vok. (*Hercules*): bei Gott — **corripere** (*rapere*): ergreifen — **lacerare**: zerreißen, zu Grunde richten

ARBEITSANREGUNGEN:

1. Wie begründen Wolf und Lamm ihr Recht? Untersuchen Sie, wie durch die Wortwahl die gegensätzlichen Standpunkte dargestellt werden.
2. Welches Verhalten gegenüber dem Schwächeren bzw. Stärkeren wird hier aufgezeigt?
3. Erfinden Sie in dieser Fabel eine Wende und folglich einen anderen Ausgang.

2. Lamm und Wolf

Durch die Trennung des Wassers gesichert und durch die Sicherheit höhnisch gemacht, rief das Schaf dem Räuber hinüber: „Ich mache dir doch das Wasser nicht trübe, Herr Wolf? Sieh mich recht an, habe ich dir nicht etwa vor sechs Wochen nachgeschimpft? Wenigstens wird es mein Vater gewesen sein.“ Der Wolf verstand die Spötterei; er betrachtete die Breite des Flusses und knirschte mit den Zähnen. „Es ist dein Glück“, antwortete er, „dass wir Wölfe gewohnt sind, mit euch Schafen Geduld zu haben“, und ging mit stolzen Schritten weiter.

(Gotthold Ephraim Lessing)

ARBEITSANREGUNG:

Was ändert Lessing gegenüber Phaedrus im Dialog?
Welche neue Deutung erzielt er dadurch?

Holzschnitt zum Werk von Gilles Corrozet, erschienen 1542 in Paris

DAS MOTIV VON WOLF UND LAMM IN FABELN DES 20. JH.S:

3. [Das kluge Lamm]

Der Wolf kam zum Bach. Da entsprang das Lamm.
Bleib nur, du störst mich nicht, rief der Wolf.
Danke, rief das Lamm zurück, ich habe im Aesop gelesen.

(Helmut Arntzen)

4. [Freie Entscheidung?]

Ein Wolf fiel in die Schafherde ein und tötete. Halt, schrie ein Schaf, warum tust du das? — Bitte, sagte der Wolf, kann ich anders, ein Wolf? — Sicher, rief das Schaf rasch, das ist gerade das Zeichen der Freiheit. — Der Wolf besann sich. Gut, sagte er, ich lass es bleiben. Aber auch du sollst frei sein. — Freudig stimmte das Schaf bei: Wie kann ich dir davon einen Beweis geben? — Einfach, sagte der Wolf, bitte mich aus freien Stücken, dich zu fressen.

(Helmut Arntzen)

ARBEITSANREGUNG:

Wie stellt Arntzen das Verhältnis zwischen Wolf und Lamm dar?

5. Wer den Mörder verschont, wird mit Leichen belohnt

Der Wolf war in eine tiefe Grube gestürzt und rief um Hilfe. Das hörte ein Lamm, und weil der Wolf ihm Leid tat, suchte es eine lange Wurzel, an der sich der Wolf aus der Grube zog. Statt sich aber bei dem Lamm zu bedanken, fiel er sogleich über es her, um es zu fressen. Das Lamm zeterte laut über die Undankbarkeit des Wolfes, der Wolf aber setzte dagegen, dass es widersinnig sei, gerettet zu werden, um dann hungers zu sterben. Diese Antwort verwirrte das Lamm, und als ein kleiner Hund daherkam, bat das Lamm ihn, die Sache zu entscheiden.

Der wird schon wissen, was ihn erwartet, wenn er nicht für mich stimmt, dachte der Wolf und war damit einverstanden, dass der Hund den Richter machte.

Der Hund überlegte eine Weile, dann sagte er: Wer einen Wolf rettet, verdient auch, von ihm gefressen zu werden. Und damit stieß der Hund das Lamm in die Grube.

Der Wolf bedankte sich für den klugen Richterspruch, sprang dem Lamm nach und machte sich über es her.

Du musst sterben, sagte der Hund zu dem Lamm, damit deinesgleichen am Leben bleibt. Und flugs zog er die Wurzel aus der Grube und zerbiss sie in kleine Stücke.

(Gerhard Branstner, Fabel 6)

6. Das schwarze Schaf

[. . .] Nicht weit von der Weide entfernt lebte ein Wolf. [. . .] Er schlich sich an die Herde heran und hetzte eines der Schafe so lange, bis er das arme Tier am Hals packen konnte und es zu Boden warf. Er fraß sich satt. [. . .] „Das ist nun mal sein Schicksal", bemerkte lakonisch eines der Schafe.

„Das kommt davon, wenn ein Schaf sich zu weit von der Herde entfernt", sagte ein anderes Schaf. [. . .]

Eines Tages graste die Mutter des schwarzen Schafes abseits der Herde. Das schwarze Schaf suchte sie, um sie wieder einmal nach seinem Vater zu fragen. Plötzlich bemerkte es, wie der Wolf sich an seine Mutter heranschlich, die nichts ahnend das saftige Gras fraß. Das Blut kochte in seinen Adern, und es rannte wütend auf den Wolf zu. Da der Wolf damit beschäftigt war, sich so nah wie möglich an das ahnungslose Schaf heranzuschleichen, merkte er nicht, dass sich ihm das schwarze Schaf mit den messerscharfen Hörnern näherte. Plötzlich verspürte der Wolf einen Schmerz in seinem Hintern. Er schoss vor Schreck in die Höhe und fiel kopfüber auf den Boden. Als er das schwarze

Schaf sah, knurrte er: „He, du Bastard, was soll das! Dich bekomm ich auch noch vor meine Klauen."
Aber das schwarze Schaf stieß erneut zu und traf ihn diesmal in den Bauch. Immer wieder griff es den jaulenden Wolf an, bis dieser blutend und mit eingezogenem Schwanz das Weite suchte und einen großen Bogen um die Weide machte, um zu seiner Höhle zurückzukehren. [. . .]
„Das war aber unnötig brutal. Sieh dir das Blut auf dem Gras an", rief eines der Schafe.
„Igittigitt, wer soll das noch fressen!" beschwerte sich ein anderes angeekelt.
„Willst du gegen das Schicksal kämpfen?" Der größte und stärkste Hammel der Herde war herangetreten.
„Ob unter dem Messer der Metzger oder unter den scharfen Zähnen des Wolfes, das ist doch egal", meinte der zweitgrößte Hammel weise. Alle Schafe nickten, nur nicht das schwarze und seine Mutter. „Dann werft euch doch gleich ins Wasser und ertränkt euch!", rief die Mutter aufgebracht.
„Ihr seht doch, dass es möglich ist", bekräftigte das schwarze Schaf und fuhr dann fort: „Bietet ihm doch eure Hörner anstatt eure Hintern, und ihr werdet sehen, ob der Wolf ein Wolf bleibt."
„Ach, was bist du doch für ein Angeber", riefen mehrere Schafe, und die Herde begann wieder zu grasen und vergaß schnell die Erlebnisse des Tages.
Seit diesem Tag achtete der Wolf teuflisch genau darauf, dass ihn bei seinen Beutezügen nicht das schwarze Schaf erwischte.

(Rafik Schami)

Arbeitsanregung:

Vergleichen Sie die Texte von Branstner und Schami mit der Phaedrusfabel. Welche möglichen Reaktionen auf Unterdrückung werden aufgezeigt?

„Ich habe im Äsop gelesen ..."
Illustration von Celestino Piatti (1989)

7. Gerechtigkeit

Zeus sprach zum Schaf: „Du ahnst ja nicht,
wie viel Mühe und Schmerz mir entstehen,
wenn man herkommt und mir von den Freveln spricht,
die die Wölfe begehen.

Besser, halt dich still und acht's einen Quark!
Sie haben Unrecht, da kann kein Zweifel walten:
Doch ihrer sind so viele und sie sind so stark,
dass sie Recht behalten!"

(Carlo Alberto Salustri, genannt Trilussa. Aus dem römischen Volksdialekt übertragen von Hans von Hülsen)

Karikatur im Daily Herald vom 30. 11. 1939

ARBEITSANREGUNG:

In dieser Karikatur wird das Fabelgeschehen auf eine politische Gegebenheit übertragen. Fallen Ihnen weitere Beispiele aus der Geschichte dazu ein?

Literaturhinweise

Lateinische Fabeltexte:

Phaedri Augusti liberti Liber Fabularum recensuit Antonius Guaglianone. Turin: Paravia 1969

Phaedrus Libertus Augusti. Fabulae / Die Fabeln. Lateinischer Text mit Einleitung, Übersetzung im Versmaß des Originals, kurzen Erläuterungen und Nachwort von Hermann Rupprecht. Mitterfels: Verlag Reinhard Stolz 1992

The Fables of Avianus, edited with Prolegomena, Critical Apparatus, Commentary Excursus, and Index by Robinson Ellis, Hildesheim: Olms 1966 (Nachdruck der Oxforder Ausgabe 1887)

Phaedri Fabularum Aesopiarum Libri quinque ... Accedunt Romuli Fabularum Aesopiarum Libri quattuor (quibus novas Phaedri Fabellas subiunxit Joann. Bapt. Gail.) Parisiis 1826

Lateinische Fabeln des Mittelalters. Latein — Deutsch. Hrsg. und übersetzt von H. C. Schnur. München: Heimeran 1979

Antike Fabeln. Griechische Anfänge. Äsop. Fabeln in römischer Literatur. Phaedrus. Babrios. Romulus. Avian. Ignatios Diakonos. Berlin und Weimar: Aufbau Verlag 1991 (nur in Übersetzung)

Wissenschaftliche Literatur zur Fabel:

Niklas Holzberg: Die antike Fabel. Eine Einführung. Darmstadt: Wissenschaftliche Buchgesellschaft 1993 (mit zahlreichen Literaturhinweisen)

Klaus Doderer: Fabeln, Formen, Figuren, Lehren. Zürich: Atlantis Verlag 1970

Reinhard Dithmar: Die Fabel. Geschichte, Struktur, Didaktik. Paderborn: Schöningh 1971

Peter Hasubek (Hrsg.): Die Fabel. Theorie, Geschichte und Rezeption einer Gattung. Berlin: Schmidt 1982

Erwin Leibfried: Fabel (Themen — Texte — Interpretationen 7). Bamberg: C. C. Buchner 1984

Deutsche und anderssprachige Fabelbücher:

Martin Luthers Fabeln. Nach seiner Handschrift und den Drucken mit einem vergleichenden Teil von Boner bis Krylow. Neu hrsg. von Willi Steinberg. Halle: Niemeyer 1961

Jean de La Fontaine: Die Fabeln. Gesamtausgabe. Übertragen von Rolf Mayr. Mit 39 Illustrationen von Gustave Doré. Düsseldorf-Köln: Diederichs 1964

Gotthold Ephraim Lessing: Gesammelte Werke. Bd. 1: Gedichte, Fabeln, Jugendlustspiele I. Hrsg. von Ludwig Krähe. Leipzig: Tempel-Verlag 1910

James Thurber: 75 Fabeln für Zeitgenossen. Mit 62 Zeichnungen des Autors. Deutsch von Ulla Hengst, Hans Reisiger und H. M. Ledig-Rowohlt. Reinbek bei Hamburg: Rowohlt 1967

James Thurber: Fables for our time with drawings by the author. London: Mandarin Paperbacks 1991

Wolfdietrich Schnurre: Protest im Parterre. München: Albert Langen/Georg Müller 1957

Jean Anouilh: Fables. La Table Ronde. Collection Folio 1962

Jean Anouilh: Fables — Fabeln, übersetzt von Ulrich Friedrich Müller, Ebenhausen-München: Langewiesche-Brandt 1970

Helmut Arntzen: Kurzer Prozess. Aphorismen und Fabeln. München: Nymphenburger Verlagshandlung 1966

Gerhard Branstner: Der Esel als Amtmann oder Das Tier ist auch nur ein Mensch. Fabeln. Eschborn: Klotz 1976

Gerhard Branstner: Handbuch der Heiterkeit. Halle: Mitteldeutscher Verlag 1984 (darin Fabeln enthalten)

Rafik Schami: Der fliegende Baum. Kiel: Neuer Malik Verlag 1994

Rafik Schami: Das Schaf im Wolfspelz. Märchen & Fabeln. München: dtv 1993

Wilfried Liebchen: Die Fabel. Das Vergnügen der Erkenntnis. Fabel, Gleichnis, Parabel, Witz. Reihe Primaer 1. Kilianshof: Fabel Verlag 1990

Wilfried Liebchen: Die Fabel heute. Realität und Argument: rhetorische Fabeln. Reihe Primaer 2. Kilianshof: Fabel Verlag 1992

Fabelanthologien:

Deutsche Fabeln des 18. Jahrhunderts. Ausgewählt von Manfred Windfuhr. Stuttgart: Reclam jun. 1960

Fabeln der Welt. Hrsg. von Paul Alverdes. München: dtv 1967 (neu bearbeitet von Paul Alverdes)

Fabeln. Für die Sekundarstufe hrsg. von Therese Poser. Stuttgart: Philipp Reclam jun. 1975

Hermann Lindner. Fabeln der Neuzeit. München: Fink Verlag 1978

Fabeln, Parabeln und Gleichnisse: Beispiele didaktischer Literatur. Hrsg. von Reinhard Dithmar. München: dtv 1983

Abkürzungen:

Abl.	Ablativ
Adv.	Adverb
Akk.	Akkusativ
Dat.	Dativ
dem.	Diminutivform
Gen.	Genetiv
gr.	griechisch
h.	hier
indecl.	indeklinabel
Inf.	Infinitv
Konj.	Konjunktiv
kons.	konsekutiv
Ⓚ	Konstruktionshilfe
ml.	Mittellatein
Part.	Partizip
pass.	passiv
pl.	Plural
Präp.	Präposition
Vok.	Vokativ

Abbildungsnachweis:

Francesco Altan (1), Maria Ausserhofer, Bozen (3), Büchergilde Gutenberg, Frankfurt/M. (1), Daily Herald, London (1), Deutscher Taschenbuch Verlag, München (1), Edizioni E. Elle, Triest (1), Fabel-Verlag Gudrun Liebchen, Rhön-Grabfeld (1), Hausweden Verlag, Hamburg (1), Gerhard Marcks (1), Reclam Verlag, Leipzig (2), Manfred Unterholzner, Bozen (6), Rowohlt Verlag, Hamburg (1), Stemmer House Publishers, Maryland (1), Tyrolia, Innsbruck (1), Verlag Dietmar Klotz, Eschborn (2), Verlag Fassbaender, Wien (1), Wilhelm-Busch-Museum, Hannover (3), Verlagsarchiv.

Äsop. Nach einer antiken Büste in der Villa Albani zu Rom; aus: H. Göll: Die Weisen und Gelehrten des Alterthums, Leipzig 1876.

ANTIKE UND GEGENWART

Lateinische Texte
zur Erschließung europäischer Kultur

Herausgegeben von Prof. Dr. Friedrich Maier,
Humboldt-Universität Berlin

1. **Stichwörter der europäischen Kultur**
Bearbeitet von Friedrich Maier, 1996, 104 Seiten
Best.-Nr. 5941
Lehrerkommentar dazu, 156 Seiten, Best.-Nr. 5951

2. **Cicero, In Verrem**
Kulturkriminalität oder: Redekunst als Waffe
Bearbeitet von Friedrich Maier, 2. Aufl. 1997, 56 Seiten
Best.-Nr. 5942
Lehrerkommentar dazu, 67 Seiten, Best.-Nr. 5952

3. **Grundtexte Europas**
Epochale Ereignisse und Existenzprobleme der Menschheit
Bearbeitet von Friedrich Maier, 1995, 96 Seiten
Best.-Nr. 5943
Lehrerkommentar dazu, 176 Seiten, Best.-Nr. 5953

4. **Cives mundi sumus omnes**
Erasmus von Rotterdam: Apophthegmata.
(Mit systematischer Wiederholung des Wortschatzes und der wichtigsten Grammatikstoffe)
Bearbeitet von Kurt Benedicter, 1995, 104 Seiten, Best.-Nr. 5944
Lehrerkommentar dazu, 106 Seiten, Best.-Nr. 5954

6. **Werte der Antike – Werte Europas**
Projekte zur Philosophie
Bearbeitet von Hans Leretz, erscheint im Herbst 1997, 96 Seiten
Best.-Nr. 5946
Lehrerkommentar dazu, erscheint im Frühjahr 1998, Best.-Nr. 5956

7. **Virtutes Cardinales**
Wert und Wirken ethischen Handelns: Erasmus, Apophthegmata
(Mit systematischer Wiederholung des Wortschatzes und der wichtigsten Grammatikstoffe)
Bearbeitet von Kurt Benedicter, 1997, 83 Seiten, Best.-Nr. 5947
Lehrerkommentar dazu, 1997, Best.-Nr. 5957

8. **Europa – Ikarus – Orpheus**
Abendländische Symbolfiguren: Ovid, Metamorphosen
(Fächerverbindende Projekte)
Bearbeitet von Friedrich Maier, erscheint im Frühjahr 1998
Best.-Nr. 5948
Lehrerkommentar dazu. In Vorbereitung, Best.-Nr. 5958

9. **Cum grano salis**
Witz und Wahrheit in der Anekdote
Bearbeitet von Maria Ausserhofer und Martina Adami,
erscheint im Frühjahr 1998, Best.-Nr. 5949
Lehrerkommentar dazu. In Vorbereitung, Best.-Nr. 5959